Manfred Frank

Die Grenzen der Verständigung

Ein Geistergespräch zwischen Lyotard und Habermas

W0288830

Suhrkamp

edition suhrkamp 1481
Neue Folge Band 481
Erste Auflage 1988
© Suhrkamp Verlag Frankfurt am Main 1988
Erstausgabe
Alle Rechte vorbehalten, insbesondere das der Übersetzung,
des öffentlichen Vortrags
sowie der Übertragung durch Rundfunk und Fernsehen,
auch einzelner Teile.
Satz: Hümmer, Waldbüttelbrunn
Druck: Nomos Verlagsgesellschaft, Baden-Baden
Umschlagentwurf: Willy Fleckhaus
Printed in Germany

2 3 4 5 6 – 92 91 90 89

Vorbemerkung

Der folgende Essay nimmt Stellung zu einer unwirklichen Debatte: der, die zwischen Jean-François Lyotard und Jürgen Habermas über Dissens und Konsens hätte stattfinden sollen, aber nicht zustande gekommen ist. Es geht über die Konfrontation zweier resonanzträchtiger Positionen zeitgenössischer Philosophie hinaus um etwas Grundsätzliches: um das Abtasten der Demarkationslinie, die den verständigungsorientierten Austausch von Argumenten trennt vom Beharren auf der Uneinigkeit und einheitslosen Pluralität von Äußerungen. Ist die Konsensustheorie zu harmonistisch, kann Harmoniestreben Züge von diskursiver Gewalt annehmen? Auf der anderen Seite: Läßt sich die These, Streit sei mangels universell akzeptierbarer Schlichtungsregel unaufhebbar, widerspruchsfrei, d.h. ohne Erhebung von Geltungsansprüchen, durchführen?

Dies sind Fragen, mit denen auf den ersten Blick nur ein Meinungsstreit zwischen Philosophen resümiert wird. Auf den zweiten mag sich herausstellen, daß an ihrer Beantwortung sich entscheidet, ob wir – wie Lyotard glaubt – den Deutungsreserven »des Abendlandes« (in seiner letzten Ausprägung als »Moderne«) unwiderruflich entwachsen sind oder ob die Moderne – wie Habermas annimmt – das Zeug dazu hat, ihre Lernfähigkeit bis zur Selbstkritik zu steigern.

Als ein »Eingriff« in dieses »Geistergespräch« versteht sich mein Essay.

Tübingen im September 87 *Manfred Frank*

I

Philosophische Auseinandersetzungen zwischen tonangebenden Tendenzen französischer und deutscher Gegenwartsphilosophie sind immer noch selten – so selten, daß selbst die vorsichtige Wahl des Zeitadverbs noch für einen Euphemismus gehalten werden könnte. Es ist wahr: seit dem Ende der siebziger Jahre hat sich das Ungleichgewicht des wechselseitigen Ignorierens zugunsten der deutschen Seite verschoben: Die französische Revue *Critique* hat im Januar-Februar-Heft 1986 einen Band unter dem Titel *Confrontations philosophiques* herausgebracht, der (in der Reihenfolge des Erscheinungsdatums) meine Arbeit *Was ist Neostrukturalismus?* (1983), Axel Honneths *Kritik der Macht* (1985), Albrecht Wellmers *Zur Dialektik von Moderne und Postmoderne* (1985) und Jürgen Habermas' *Der philosophische Diskurs der Moderne* (1985) als »deutsche Stellungnahmen zum französischen Denken« in einer Sammelbesprechung vorstellt (7–39).* Hinzuzufügen wäre die Sondernummer der *Revue Internationale de philosophie* (38e année, 151, 1984) mit dem Titel *Herméneutique et Néo-structuralisme. Derrida-Gadamer-Searle*, die Teile der Konfrontation zwischen Gadamer und Derrida vom April 1981 im Goethe-Institut Paris präsentiert. Gadamer hat sich seither an verschiedenen Orten zu Derridas Heidegger- und Husserl-Rezeption ausgesprochen (z.B. in dem von

* Nicht erfaßt ist in der Rezension die Arbeit von Bernhard Waldenfels, *Phänomenologie in Frankreich*, Frankfurt/Main ^{2}1986. Ausführlicher ist Emil Angehrns Sammelbesprechung *Krise der Vernunft? Neuere Beiträge zur Diagnose und Kritik der Moderne* (in: *Philosophische Rundschau* 33 [1986], Heft 3/4, 161–209), die auch angelsächsische und französische Beiträge berücksichtigt.

Ernst Behler und Jochen Hörisch herausgegebenen Sammelband *Die Aktualität der Frühromantik* sowie in Diane Michelfelders und Richard Palmers Dokumentation *The Gadamer-Derrida Encounter*, beide 1988). Man mag den in diesen Texten gewählten Tonfall im einzelnen mißbilligen als unangemessen belehren-wollend, magistral, akademisch: der französische Neostrukturalismus ist jedenfalls im deutschen Sprachraum keine unbekannte Erscheinung mehr. Die Pariser philosophischen Mandarine verstehen dagegen im allgemeinen unter »deutscher Gegenwartsphilosophie« eher das Œuvre unserer Urgroßväter- und Großvätergeneration (repräsentiert durch Nietzsche, Freud, Husserl und Heidegger). Über jüngere Entwicklungen der Hermeneutik oder der Kritischen Theorie (zu schweigen von solchen der analytischen Philosophie deutscher Sprache) besteht nach wie vor blühende Unkenntnis – und wenn Gadamers, Apels und Habermasens Namen nicht mehr unbekannt sind, so beruht das eher auf persönlicher Präsenz der Genannten in Paris (in Form von Podiumsdiskussionen oder Vorträgen) als auf Kenntnis ihrer Werke.* Bei einem vom

* Gute Belege dafür sind Derridas Antworten an Gadamer (*Bonnes volontés de puissance. Une réponse à Hans-Georg Gadamer*, in: *Revue Internationale de Philosophie* [*Néostructuralisme et herméneutique*, éd. Manfred Frank], 38e année, 151, 1984 – fasc. 3, 431–341–342) und an Apel (*Jacques Derrida: Antwort an Apel*, in: *zeitmitschrift. Journal für Ästhetik*, hg. von Stefan Bollmann und Heinrich Niewöhner, Nr. 3 – Sommer 1987, Düsseldorf, 79–83). Beide Male wird die Kenntnis des Autors, dem die »Antwort« gilt, aus einem einzelnen Vortrag geschöpft, dessen französische Übersetzung Derrida vorlag und der – wohlbemerkt – in Paris stattfand. Der Gedanke, Derrida könnte seine Kenntnisse Gadamers oder Apels aus der Lektüre von deren publiziertem Werk schöpfen, muß für abwegig gelten. Das hindert Derrida nicht, unter einige sinnvolle Fragen an die Autoren den Vorwurf zu mischen, hier werde in pauschaler Weise von »Wellen« oder »Linien« poststrukturalistischer Philosophie gesprochen, ohne daß das an den Texten Derridas pünktlich belegt werde (der Vorwurf trifft auf Apel in der Tat zu, keineswegs auf Gadamer). Der performative Selbstwiderspruch, dessen Derrida Apel zum Schluß zeiht (daß dieser nämlich von »Ethik der wissenschaftlichen oder philosophischen Kommunikation« spreche, »ohne deren elementarste Regeln zu respektieren« [l. c. 84]) –

guten Willen aller Seiten getragenen, schwungvoll unter den Titel *Rencontres franco-germaniques* gestellten und auf hoher Ebene organisierten Treffen zwischen französischen und deutschsprachigen Philosophen – es fand im Februar 1986 im Centre Beaubourg vor überfülltem Auditorium statt – ließ der Kollaps des Meinungsaustauschs über strittige Grundthemen (»Sinn«, »Subjekt«, »Rationalität«) nicht auf sich warten – nur war das Scheitern noch spektakulärer, als die Pessimisten befürchtet hatten. Im Publikum machte der Slogan die Runde: »Les Allemands sont grotesques, et les Français sont nuls.« Ans Prädikat der Groteske kamen die einen (ich darf es vermuten, denn ich leitete die Diskussion) durch eine missionarische, zuweilen naserümpfende Rhetorik, an das der Nullität die anderen durch manifeste Unkenntnis der Positionen ihrer Gesprächspartner; die Flucht nach vorn bestand in undifferenzierten Unterstellungen wie der von einem »Terrorismus des pragmatischen Konsensus à l'américaine«. Jean-François Lyotard, der im gedruckten Programm als Gesprächspartner angekündigt war, fehlte (aus übrigens zwingenden Gründen). Er hätte den Vorwurf, den hier stellvertretend Derrida erhob, tatsächlich verteidigen mögen. Im »Appendice svelte à la question postmoderne« (in: *Tombeau de l'intellectuel*, Paris 1984, 81) spricht er von der »terreur rationaliste (consensuelle) des philosophes d'origine parfois améri-

dieser Vorwurf trifft Derrida zuallererst, obwohl man ihm nicht nachsagen kann, eine Ethik der Öffnung für die Rede des Anderen zu praktizieren. Apel hat Derrida vielleicht pauschal und oberflächlich gelesen; dagegen wehrt sich Derrida mit Recht, ohne darum Apel bis jetzt in einer aus seinen Publikationen nachweisbaren Weise auch nur zur Kenntnis genommen zu haben. (Ich räume ein, daß das falsche Deutsch [»meines Erachtens nach«, S. 80; »prä-expressiv« als Bastard zwischen Derridas »pré-expressif« und Husserls »vor-ausdrücklich«, S. 79 und dgl. m.] und das Linkische der Übersetzung von Derridas »Antwort« weitere, unfreiwillige Beiträge zum Nichtverstanden-werden-Wollen liefern.)

caine mais surtout allemande«. Jürgen Habermas, der ebenfalls an der Tafelrunde fehlte, wirft den neueren Franzosen umgekehrt irrationalistische und neokonservative Neigungen vor. Man dürfe die positive Seite der Rationalisierung nicht verraten und mit der in der Tat schmutzigen Brühe des Badewassers nicht auch das Kind der Aufklärung und der Errungenschaften der Französischen Revolution ausschütten (vgl. Lyotards Gespräch mit Willem van Reijen und Dick Veerman mit dem Titel *Les lumières; le sublime; philosophie; esthétique*, in: *Social Philosophy/Philosophical Anthropology Group*, Reprint Series N° 1, University of Utrecht, 1987, S. 1).

Lyotards Abwesenheit von der Pariser Tafelrunde war in der Tat bedauerlich. Denn wenn es einen Denker aus dem (ich gebe zu: zu grobmaschig gewählten Fahndungsraster des) Neostrukturalismus gibt, dem Ignoranz angelsächsischer und selbst deutscher Positionen aktueller Philosophie nicht vorzuwerfen ist, so ist er es. In einem brillanten Forschungsbericht über die »Bedingungen des Wissens in den hochentwickelten Gesellschaften beim Eintritt in die Postmoderne« (*La condition postmoderne. Rapport sur le savoir* [zit.: *CP*], Paris 1979, 7 und 9) sind zwei deutsche Positionen seine ständigen, meist impliziten, aber auch ausdrücklichen Gesprächspartner: die Systemtheorie Niklas Luhmanns und die Konsensus- bzw. kommunikative Gesellschaftstheorie von Jürgen Habermas.

Lyotards Schrift ist populär, und ihr Verfasser hat sich bei jeder Gelegenheit dagegen verwahrt, sie als Buch mit philosophischem Anspruch zu lesen:

La condition postmoderne n'est pas un livre de philosophie. C'est même un livre qui est quand même fortement marqué par la sociologie, par un certain historicisme et par l'épistémologie. Tel était le sujet qui m'avait été imposé [par le Conseil des

Universités auprès du gouvernement du Québec, à la demande de son président]. C'était de fournir un »rapport« sur l'état actuel des sciences dans les pays les plus développés. Sa base philosophique ne pouvait pas y être élaborée. C'est ce que j'écrivais du reste dans la petite Introduction à ce livre. Je pense que la base philosophique se trouve, directement ou indirectement, dans *Le différend* (*Les lumières* [...], 1).

Ich bringe die Grundthese des »Rapport« kurz in Erinnerung. Unter »Postmodernität« versteht Lyotard nicht – wie er's im Interview betont – die Anlehnung an einen Term, der in amerikanischer Literatur- und Kunstkritik, besonders in der Architektur, gängig geworden ist und einen Kehraus mit der Moderne im Sinn hat. Lyotard definiert »Postmodernität« als ein Nicht-mehr-Greifen aus der Neuzeit (aus der Moderne im Sinne der »Temps modernes«) tradierter Mittel, Gesellschaft zu legitimieren. Dabei arbeitet er mit einem Drei-Stufen-Schema. Danach hat das wissenschaftliche Denken eine Form gesellschaftlicher Selbstrechtfertigung überwunden, die am Anfang der Entwicklung stand. Am Anfang, also in der Prämodernität, haben sich die europäischen Zivilisationen durch Kohärenz fingierende Erzählungen, auch spekulative »récits« (z. B. Mythen, aber auch Epopöen und philosophische Romane wie die *Phänomenologie des Geistes*) gerechtfertigt. Diese Möglichkeit sei abgelöst worden durch den universalistischen – nicht mehr narrativ-mythischen, sondern rationalen – Rechtfertigungszwang, wie ihn die Einführung der wissenschaftlichen Rede mit sich brachte. Aber der Universalitätsanspruch des wissenschaftlichen »discours de légitimation« habe sich heute als brüchig erwiesen, weil er eine selbst nicht zu rechtfertigende Unterstellung ins Spiel bringe, nämlich die: es gebe einen philosophischen »métadiscours«, der alle einzelnen Redespiele überwölbe und zur Einheit versammle. Der Verlust eines Absoluten in der Philosophie (seit der Romantik) finde seine Parallele in der »Grundlagenkrise« der sogenannten exakten Naturwissenschaften, wie sie von Kuhn und Feyerabend analysiert worden (vgl. das eben zitierte Interview, S. 4, sowie Lyotards Beitrag zum Sonderband der *neuen hefte für philosophie: Argumentation in der Philosophie,* Heft 26, 1987, 1–33, mit dem Titel *Grundlagenkrise),* aber schon seit der Mitte des vorigen Jahrhunderts in der Diskussion um die Rationalität der Mathematik, erst recht der empirischen Naturwissenschaften, den epistemischen Status von Raum und Zeit usw. aufgeflammt sei:

Ce qu'on appelle »crise des fondements« n'est quand-même pas quelque chose qu'on peut négliger au bénefice du prétendu consensus argumentatif alors que ce consensus est précisément ce qui manque à l'intérieur des sciences disons »physiques«. Et bien loin d'en supprimer la possibilité, contrairement à ce qu'on pourrait croire cette absence de consensus n'a fait au contraire que leur permettre un plus rapide et plus impressionnant développement.

Man kann Lyotards Beobachtungen über die »Grundlagenkrise« zustimmen, ohne den dramatischen Folgerungen beizupflichten, die er daraus zieht, daß nämlich die Wissenschaft postmodern werden, sich für Unentscheidbarkeiten, Grenzen der Beherrschbarkeit, Quanta, Konflikte aus unvollständiger Information, »fracta«, Katastrophen und pragmatische Paradoxe zu interessieren und die Grenzen von Vernunft und »Paralogie« zu verwischen haben werde (*CP* 97). Rorty hat eingewendet, daß Lyotard die geregelte Kuhnsche Abfolge von Normalwissenschaften und revolutionärem Paradigmawechsel mit einer Art Gravitation der modernen Wissenschaften auf eine permanente Revolution hin verwechsle.

Dafür spreche gar nichts. Wohl aber gebe es Parallelen zwischen Lyotards Blick auf die Wissenschaften und Mary Hesses nach-empiristischer Wissenschaftstheorie, die die klassische Unterscheidung zwischen metaphern-frei-formalisiertem Diskurs der Wissenschaften und metaphorischem, alltagssprachlichem Reden haltlos nennt, da die Sprache der ersteren nichts anderes sei als eine theoretische Neuformulierung und Neudeutung dessen, was in vor-theoretischer Alltagssprache schon erschlossen gewesen sei. Freilich verwechsle Lyotard hier aufs neue die Korrektur eines unangemessenen, nämlich des empiristischen Diskurses *über* die Wissenschaften mit der Praxis der Wissenschaften selbst. »He thinks that science used to be what empiricism described him to be.«*

An der falschen Unterstellung eines universellen Metadiskurses habe, meint Lyotard weiter, auch der Strukturalismus teil mit den charakteristischen Universalitätsansprüchen, die wir in der Vulgatafassung von Saussures *Cours de linguistique générale*, erst recht bei Lévi-Strauss, antreffen. Das teilen sie mit Luhmanns »Systemtheorie« und Habermasens »Universalpragmatik«. Tatsächlich gebe es keine die einzelnen Sprachspiele übergreifende Universalpragmatik oder -grammatik; und also sei die Differenz oder Dissemination der symbolisch vermittelten »Lebensformen« pragmatisch unüberwindbar. Dem geschlossenen, aber universalistisch konzipierten System tritt das offene System – oder richtiger

* Richard Rorty, *Habermas and Lyotard on Postmodernity*, in: *Praxis international*, Vol. 4, N° 1 (1984), 32–44, hier 33/4. Vgl. Habermasens Entgegnung in der 4. N° desselben Heftes, 229–249, vor allem Kapitel I und II. Einen Bericht der Diskussion (mit weiteren amerikanischen Stellungnahmen) liefert Willem van Reijen, *Miss Marx, Terminal und Grand Récits oder: Kratzt Habermas, wo es nicht juckt?*, in: ders. und Dietmar Kamper (Hg.), *Die unvollendete Vernunft: Moderne versus Postmoderne*, Frankfurt/Main 1987, 536–567, vor allem 550ff.

(denn der holistische Systembegriff verliert hier allen Sinn): die Pluralität von Systemen – gegenüber, die in keinem Metadiskurs zur Einheit gebündelt werden. Als einen solchen Metadiskurs interpretiert Lyotard auch die an der Schwelle zur Neuzeit zum machthabenden Paradigma entwickelte, in Naturwissenschaft und Philosophie nur verschieden aufgeführte Partitur der universellen Vernunft. In der Tat formuliert sie – über allen Einzelwissenschaften schwebend und deren Partikularität übergreifend – die reine Form der gerechtfertigten Rede als solche, an der alle Einzeldiskurse teilhaben, sofern sie selbst mit dem Anspruch auftreten, legitim zu sprechen: die Vernunft der Aufklärer, der absolute Geist der Idealisten, das Subjekt der Arbeiterklasse, Freges Begriffsschrift und die universale Wissenschaftssprache Husserls oder des Wiener Kreises, das System der Strukturalisten, der Transformationsgrammatiker und der Systemtheoretiker, der herrschaftsfreie und universale »Diskurs« der pragmatizistischen Konsensus-Theorie nach Peirce bei Apel und Habermas. Ihnen, die untereinander durchaus in ideologischer Opposition sich befinden, sucht Lyotard nachzuweisen, daß sie eine gemeinsame Voraussetzung teilen: den entfesselten Allgemeinheitsanspruch der Geltung und den ihm eingeprägten Ehrgeiz, *ein* homogenes Medium vernünftiger Rede *über* allen Einzeldiskursen (also z. B. über allen Sprachspielen) zu verteidigen. Darin kommen, wie wir sahen, auch die nach Lyotards Ansicht bedeutendsten zeitgenössischen Widersacher, die Systemtheorie der Gesellschaft und die Kritische Theorie der jüngeren Frankfurter Schule, überein: Die erste arbeitet mit einem – am Paradigma der Evolutionsbiologie und der Selbstbezüglichkeit organischer Strukturen entwickelten – Code-Modell, das Erhalt und Stabilität des Systems gegen die semantisch-materialen Umwidmungen seiner Funktionen (als Anpassungsleistung an veränderte Umweltbedingungen) imperativ durchsetzt und die Gleich*art*igkeit von input und output sicherstellt, so daß das mechanische Funktionieren über der Frage nach dem möglichen (normativen) Sinn der (Gesamt-)Veranstaltung steht; die zweite bindet die Sinnfrage an einen sozialen Konsensus, der um seiner Vernunftgemäßheit willen zugleich als universell gedacht werden muß, was zum Vorgriff auf eine Art regulativer Idee zwingt, die der Verschiedenartigkeit der einzelnen Sprachspiele Gewalt antut, in deren irreduzibler Vielfalt wir unser privates und öffentliches Leben artikulieren. In diesem Zusammenhang äußert Lyotard einen Wunsch, den wir zunächst nicht als Argument, wohl aber als Bekundung einer Welthaltung ernst nehmen wollen: nämlich den nach Innovation, d.h. nach Veränderung verkrusteter Codes; und er fügt hinzu, daß der Dissens der innovativen Sinn-Veränderung günstigere Voraussetzungen biete als der universelle »consensus obtenu par discussion«.

Wenn der »merkwürdig zwanglose Zwang des besseren Arguments« keine Schlichtungsinstanz für divergierende Geltungsansprüche mehr darstellt, wenn diskursive Ordnungen von einer nicht zu bändigenden und nicht zu totalisierenden Regelvielfalt (»disseminaler Natur«) sind, dann werden Anleihen bei Vitalismus und Sozialdarwinismus unvermeidlich. Faktische Entscheidungen sind dann nicht mehr vernunftausgewiesen, sondern Effekte einer rechtfertigungslosen und auch nicht rechtfertigungsbedürftigen Übermächtigung. Der philosophische Vitalismus deutet den Vernunftkonsensus als eine Verschwörung des »Pöbels«, der Zahlreichen und Schwachen, gegen die weniger zahlreichen, starken, »vornehmen« und nicht-moralischen, aber dem Willen zur Macht Rechnung tragenden Individuen. Nicht die vorgebliche (deskriptive) Wahrheit oder (normative) Richtigkeit, sondern die faktische Mächtigkeit – durchaus im »physiologischen«, im lebensbewahrenden und generativ steigernden Sinne –, die *Kraft* eines Arguments bestimmt deren mögliche Anerkennbarkeit, die dann Wahrheit oder Richtigkeit genannt wird. Nietzsches Zarathustra läßt den »blinzelnden Pöbel« die Ideale der Französischen Revolution karikieren mit den Worten: »Ihr höheren Menschen (...), es gibt keine höheren Menschen, wir sind alle gleich, Mensch ist Mensch, vor Gott – sind wir alle gleich!« (»Gott« oder »Vernunft« sind hier gleichgeltende Chiffren der metaphysischen Hinterwelt, die Lyotard mit der Fiktion eines universellen Méta-récit identifiziert.) Worauf Zarathustra erwidert: »Vor Gott! – Nun aber starb Gott. Vor dem Pöbel aber wollen wir nicht gleich sein« (Vierter Teil, »Vom höheren Menschen«).* Der vorgeschobene Wille zur

* Vgl. die wegen ihres symptomatischen Charakters hochinteressante, zitatenreiche Arbeit des Sozialdarwinisten Alexander Tille, *Von Darwin bis Nietzsche,* 1895, 225 im Kontext. Allgemein zum Thema: Hans Günter Zmarzlik, *Der Sozialdarwinismus in Deutschland als geschichtliches Problem,* in: *Vierteljahreshefte zur Zeitgeschichte,* 11. Jg. 1963, 246–273.; ferner Kurt Bayertz, *Darwinismus als Ideologie. Die Theorie Darwins und ihr Verhältnis zum Sozialdarwinismus,* in: *Dialektik* 5, hg. von H. H. Scholz u. a., Köln 1982, 105–120; Ted Benton, *Social Darwinism and Socialist Darwinism in Germany: 1860 to 1900,* in: *Rivista di Filosofia* 22/3 (1982), 79–121, vor allem Yvette Conry, *L'introduction du darwinisme en France au XIXe siècle,* Paris 1974 und dies., *Le darwinisme social existe-t-il?* in: *Raison présente* 1983, no. 66, 17–44 (beide Arbeiten mit Hinweisen auf die agonal konzipierte *Sprachtheorie* des 19./20. Jahrhunderts). Es wäre in der Tat höchst lohnend, die Begriffsgeschichte des Ausdrucks »agonaler Diskurs« in den historischen Kontext kompetitiver Sozialkonzepte von der Sophistik bis in den Frühliberalismus/Sozialdarwinismus genau zu erforschen. Schon Herbert Spencer, der den Nietzscheschen Gedanken der Steigerung ins Konzept der Evolution einbrachte, hat in seinen Entwürfen zu einer »bio-organismischen« Sozialtheorie die Idee des Konkurrenzkampfes der Individuen zum Motor des Fortschritts gemacht, den er als »agonales Bewegungsprinzip« bezeichnet (vgl. Zmarzlik, 249/50). Besonders interessant die agonistischen Sprachkonzepte in Darwinscher Nachfolge, wie sie Yvette Conry für Frankreich belegt hat und wie sie in

Wahrheit/Richtigkeit wird – diskursstrategisch – entlarvt als eine besonders listige Abform des Willens zur Macht. Die Sprachhandlungstheorie – auf Peirce und Wittgenstein zurückgehend – hatte ihrerseits geltend gemacht (wie Derrida in seiner Auseinandersetzung mit Searle betont), daß Argumente Handlungen sind, denen eine gewisse (»illokutionäre« oder »performative«) *Kraft* (»force«) innewohnt – auch Frege sprach von der »behauptenden Kraft« einer Assertion –, eine Kraft, die nicht zunächst in Kategorien der Wahrheit oder

Deutschland vor allem durch August Schleicher sich durchgesetzt haben (*Die Darwinsche Theorie und die Sprachwissenschaft,* Weimar 1863, ders.: *Über die Bedeutung der Sprache für die Naturgeschichte des Menschen,* Weimar 1865). Ich verdanke diese letzteren Hinweise der ausgezeichneten und ausführlichen Seminararbeit von Alexander Weber (Tübingen, WS 1987/8) mit dem Titel *Agonistik bei Lyotard und den Sozialdarwinisten* (im Anhang detaillierte Bibliographie). Weber resümiert die Parallelen zwischen beiden auf S. 40/41 in folgenden Worten: »Welche kulturellen Phänomene sich auf Kosten der anderen durchsetzen, ist hier [bei Woltmann] nicht mehr an den physiologischen Daseinskampf ihrer Träger gebunden. Dieser Kampf ist innerkulturell und (...) innersprachlich. Hier sind die Sozialdarwinisten Lyotards Bürgerkrieg der Sprache mit sich selbst greifbar nahe. Interessant ist, daß die Ausgangspunkte zwar verschieden, Methode und Ergebnis dagegen ganz ähnlich erscheinen. Nicht von ungefähr wurde gegenüber der Forschung zum Sozialdarwinismus hier der Akzent auf die Paradigmenübernahme von der Gesellschaft in die Natur et vice versa gelegt. Beglaubigt wurde der Daseinskampf für die Sozialdarwinisten erst im Rückgriff auf die Natur. Der Monismus rückte sie ins Zentrum einer universalen Welterklärung. Nicht anders aber verfährt Lyotard mit der Sprache. Sie bildet den Ausgangspunkt seiner Theorie des Widerstreits, die dann auf alle erdenklichen Bereiche übertragen wird. Sie kann nur reüssieren, weil sie durch die Sprache beglaubigt ist. Wie der Kampf ums Dasein wird der Widerstreit in den Rang einer Universaltheorie erhoben. Solche Reduktion der vielfältigsten Fächer auf ein einzelnes Theorem wird von einem sprachwissenschaftlichen Monismus (im weiteren Sinn) sanktioniert. Ein agonistisches Prinzip beherrscht die Natur und die Sprache. Folglich bekämpfen die Sozialdarwinisten und Lyotard den Anthropozentrismus: der Mensch ist nicht mehr als das Objekt eines ihm übergeordneten agonistischen Prinzips, dem er auch dasjenige verdankt, was er selbst hervorzubringen glaubt und in seiner Eitelkeit sich selbst zuschreiben möchte. Der Mensch wird des Hochmuts überführt, Natur und Sprache gebe es nur um seinetwillen. Er wird aus der angemaßten zentralen Stellung vertrieben und statt seiner das ewige Gesetz der Agonistik inthronisiert, vor dem der Mensch zur ›Welle im Daseinsstrom‹ herabsinkt. Die Welt wird, wie der Sozialdarwinismus gezeigt hat, im ganzen Bedeutungsumfang des Wortes deshumanisiert.«

Falschheit, der Richtigkeit oder Unerlaubtheit, sondern in denen der Stärke oder Schwäche sich artikuliert. Wir nennen ja in der Tat Argumente (auch logische) selten – höchstens in philosophischen Seminaren – »wahr« oder »falsch«, sondern eher »schwach« oder »stark« oder gar »schlagend«. Daraus folgert Lyotard:

Cette dernière observation conduit à admettre un premier principe qui sous-tend notre méthode: c'est que parler est combattre, au sens de jouer, et que les actes de langage relèvent d'une *agonistique générale*. (...) Cette idée d'une agonistique langagière ne doit pas cacher le second principe qui en est le complément et qui régit notre analyse: c'est que le lien social observable est fait des »coups« de langage. En élucidant cette proposition, nous entrons dans le vif du sujet (*CP* 23/4, von mir hervorgehoben [M̄F.]).

Diese grundlegende Realität des Kampf- und Streitcharakters jedes sprachlichen Handelns (das auf Durchsetzung, nicht auf Rechthaben aus ist) sieht Lyotard in allen Konzepten der Soziologie, die mit dem Modell eines sich selbst regulierenden Organismus arbeiten, mißachtet, bei Luhmann etwa,* wo die Harmonie der Kräfte der Machtlegitimation des Systems dient und ihr Erhalt über alle Innovation gestellt ist. Ebenso innovationsfeindlich sei aber auch der Konsens der *scientific community*, die dem machthabenden Paradigma unerwünschte Spielzüge neutralisiert:

Plus un »coup« est fort, plus il est aisé de lui refuser le consensus minimum justement parce qu'il change les règles du jeu sur lesquelles il y avait consensus (*CP* 102/3).

So nimmt der Konsensus »terroristische« Züge an, wo-

* Zu Unrecht: denn eben Luhmanns Anleihe bei der Biologie der Systemerhaltung verpflichtet seine Theorie demselben Paradigma: Vernunft ist kein systemexterner Regulator, sondern ein Funktor der Systemerhaltung. Carl Schmitt steht hier näher als Kant, Hegel oder Apel/Habermas.

bei Lyotard unter »Terror« versteht »l'efficience tirée de l'élimination ou de la menace d'élimination d'un partenaire hors du jeu de langage auquel on jouait avec lui« (l. c., 103). Das klingt wie Empörung über die machtverhängte Ausschließung individueller Sinnschöpfungsenergien oder Bewegungsfreiheit, kann aber in Lyotards Konzept so nicht verstanden werden. Denn wer argumentative Durchsetzung auf Macht gründet, kann dem herrschenden Konsens nicht widerspruchsfrei vorwerfen, individuelle Innovation durch nackte Macht zu unterdrücken. Der Entwurf einer Gerechtigkeit (als »reconnaissance de l'hétéromorphie des jeux de langage« mit der Auflage, Konsensbildungen »lokal« zu halten und nicht zu universalisieren) kann sich selbst nur als universalistische Maxime formulieren und hebt sich so auf (l. c., 107).

Der Luhmannschen Systemtheorie gegenüber erkennt Lyotard der Marxschen Theorie des Klassenkampfes unübersehbare Vorzüge zu. Sie werde aber – ein im heutigen Deutschland schwer verständlich zu machender Gedanke – durch ihre utopisch-harmonistische (auf Ausgleich bedachte) Haltung geschwächt und de-radikalisiert: der Klassenkampf ist für Marx und erst recht für den Neomarxismus der Frankfurter Schule (die den Gesichtspunkt möglicher Versöhnung in den Vordergrund stellt und den zielblinden »struggle for life« als Forschungshypothese überhaupt ablehnt) nur ein transitorischer Zustand, der sich – wie die Hegelsche Differenz – zugunsten einer neuen, nicht mehr agonalen Totalität aufheben muß. Die Idee einer solchen Totalität ist aber eine Erbschaft der Neuzeit: für ein Denken unter Bedingungen der Abgeschlossenheit der Moderne – für ein postmodernes Denken also – hat sie keine Geltung mehr. Größere Anziehung üben Konzepte der Sophistik, die auf deskriptive oder normative Richtigkeit keinen Pfifferling bieten, sondern im Diskurs des Überzeugens nur die Kräfte der überredenden Durchsetzung und des Seinen-Gegner-übers-Ohr-Hauens aufspürt. Ihm hat nichts entgegenzusetzten, wer den Diskurs der modernen Rationalität als Metainstanz abdankt.

Bevor wir indes zu einer überstürzten Verurteilungs-Formel greifen und Lyotards (im Denken des Neostrukturalismus verbreiteter) Idee eines »agonalen Diskurses« vorwerfen, den Sozialdarwinismus der frühliberalistischen Konkurrenzgesellschaft uns als postmodernes Denken verkaufen zu wollen,* sei ein Punkt besonders herausgehoben: Lyotard sagt nämlich, daß eine als uniform (sei's als System, sei's als Universal-Konsens oder als klassenlose Gesellschaft) gedachte Struktur ganz und gar auf den Gedanken der Innovation verzichten würde: Wäre der Zustand des Gleichgewichts der Kräfte einmal erreicht, so könnte sich nichts mehr verändern; vor allem wäre sehr schwer zu erklären, was eine gesättigte Struktur an sich verändern sollte und wie sie es anstellen wollte, wenn alle ihre Elemente Statthalter desselben Ganzen sind. Teile eines Ganzen führen nur die Bewegungen aus, die ihnen das Gesetz des Ganzen vorschreibt. Nur ein solches Teil könnte gegen das Ganze aufbegehren, das in sich eine relative Selbständigkeit besäße, d. h., vom Begriff des Ganzen aus *nicht* in einer geordneten Folge deduktiver Schritte zu erreichen wäre. Diese Bedingungen sieht Lyotard nur gewährleistet in

* Vergessen wir freilich nicht, daß von Nietzsche zum Sozialdarwinismus und Nationalsozialismus der Kampf den »modernen Ideen« galt, so wie »die Gesundheit der Nation vor dem zersetzenden Einfluß der Moderne« zu retten gesucht wurde. Postmodernismus und Antimodernismus reichen sich tückisch die Hand – wie auch in der Prägung »Logozentrismus«: Klages und die neue Geistfeindlichkeit unserer Tage treffen sich im Affekt gegen die Leistungen der abendländischen »Rationalität« ohne weitere Differenzierung ihres jeweiligen (vereinseitigten) funktionalen Aspekts.

seiner Idee einer »Paralogie« der vom systematischen Bezug aufs Ganze befreiten Einzel-Sprachspiele, die im Bereich der Sprachphilosophie eine Organisationsform nachzubilden versuchen, wie man sie vom klassischen Anarchismus oder vom Anarcho-Syndikalismus kennt. Phantasie-Gegner Lyotards sind »das System« und »die Totalität« in allen ihren Erscheinungsformen: vor allem als bürokratisierte Institution, die den Willen zur Innovation, ja zum »déplacement« oder zur »désorientation« lähmt (*CP* 33/4): ob als bürokratisierter Kapitalismus oder als real existierender Sozialismus. Auch der herrschaftsfreie Konsens, sofern er nicht die Freiheit zum unendlich-kontroversen Weiter-Diskutieren (»Streiten«) ohne letzte Instanz lebendig erhalten wird, entgeht nicht seinem Verdacht, in Wahrheit ein bürokratisches Instrument der Diskussions-Vermeidung oder -Stillstellung zu sein. Der Verdacht lautet spezifischer, daß die als formal deklarierten Regeln der argumentativen Konsens-Bildung in Wahrheit materiale Vorgaben implizieren, die wegen ihrer universalistischen Ambitionen totalitäre Züge nicht zu bannen wissen:

Wir haben die Sehnsucht nach dem Ganzen und Einen, nach der Versöhnung von Begriff und Sinnlichkeit, nach transparenter und kommunikativer Erfahrung teuer bezahlt. Hinter dem allgemeinen Verlangen nach Entspannung und Beruhigung vernehmen wir nur allzu deutlich das Raunen des Wunsches, den Terror ein weiteres Mal zu beginnen. Die Antwort darauf lautet: Krieg dem Ganzen, zeugen wir für das Nicht-Darstellbare, aktivieren wir die Differenzen, retten wir die Ehre des Namens (...), widerstehen wir der »kommunikativen« Verflachung und Vereinheitlichung (*Beantwortung der Frage: Was ist postmodern?*, in: *Tumult* 4 [1982], 142 und *Immaterialität und Postmoderne*, Berlin 1985, 49).

Nur *die* Revolution wäre wahrhaft nicht-totalitär, die permanent würde. Von hier, glaube ich, erklärt sich ein wenig der Reiz, den nicht nur Nietzsche, sondern – merkwürdiges Stelldichein – auch der Maoismus eine Zeitlang auf die neostrukturalistische Intelligenz ausgeübt hat.

Niemand wird leugnen, daß in dieser Skizze der Bedingungen postmodernen Wissens Gesprächsangebote und Herausforderungen an die Adresse der Konsensus-Theorie Apels und Habermasens enthalten sind. Habermas hat sie in seiner großangelegten Erwiderung *(Der philosophische Diskurs der Moderne)* nicht aufgegriffen und seinen globalen Irrationalismusverdacht gegen *die* Franzosen auch nicht wesentlich modifiziert (wohl aber begründet). Das hat ihm Lyotard verständlicherweise übelgenommen. Er empfiehlt uns ironisch – aber man hört die Stimme der Verschnupftheit heraus – die Lektüre »einiger Denker, Franzosen oder nicht, die nicht die Ehre haben, von Herrn Professor Habermas gelesen zu werden« (*Réponse à la question: Qu'est-ce que le postmoderne?*, in: *Critique* 1982, N° 419, 357–367); der kleine Text bezieht sich freilich auf frühere Äußerungen von Jürgen Habermas aus seiner Adorno-Preis-Rede (*Die Moderne – ein unvollendetes Projekt*, in: ders., *Kleine politische Schriften I–IV*, Frankfurt/Main 1981, 444–464) und über *Dialektik der Rationalisierung*, wie er sie im Gespräch mit Axel Honneth u.a. gemacht hatte (in: *Ästhetik und Kommunikation* 1981, H. 4/6, 126–155, hier: 137).

Dies Versäumnis soll nachgeholt werden. Da ein Dialog zwischen Lyotard und Habermas über Dissens und Konsens nicht existiert, muß er konstruiert oder richtiger: erfunden werden.* Fast alle Dialoge »der Franzo-

* Dahin tut bereits einen wichtigen Schritt Matthias Rübs Aufsatz *Konsensus oder Différend? Haben sich Jürgen Habermas und Jean-François Lyotard (noch) etwas zu sagen? Versuch eines Vergleichs*, in: *Parabel. Vernunft der Mo-*

sen« mit der zeitgenössischen Philosophie der nichtfrankophonen Kulturen sind solche freien Erfindungen, die sich vornehm Rekonstruktionen nennen. Den Mangel an Wirklichkeit müssen sie ausgleichen durch den Reiz der in sie investierten spekulativen Phantasie. Ich hoffe, man wird mir – als mehr oder minder vertraut mit den Schriften des deutschen Meisterdenkers – nachsehen, daß ich auf die Präsentation von Lyotards Gedanken mehr Nachdruck und Fleiß verwende als auf die von Habermas. So wird ein »dommage« von Nichtreziprozität (mit Lyotard zu sprechen) in ihrem fiktiven Dialog repariert.

Ich stützte mich im folgenden fast ausschließlich auf *Le différend* (Paris 1983, zit.: *LD*), nicht so sehr auf *La condition postmoderne* und die zahlreichen populären Äußerungen, mit denen Lyotard seither versucht hat, das Verständnis seiner Kerngedanken zu erleichtern. Diese Beschränkung entspricht Lyotards eigenem (schon zitierten) Wunsch und seinem – auf dem Buchrücken des Hauptwerks – ausgestellten Urteil: »Mon livre de philosophie« – also (frei übersetzt): *mein* authentischer, mein maßgeblicher Beitrag zur philosophischen Diskussion. In *Immaterialität und Postmoderne* (Berlin 1985, 19) hat er betont, die Diagnose der Postmodernität habe nicht in *La condition postmoderne,* sondern erst in *Le différend* philosophisches Niveau erreicht. Andere Gesprächsäußerungen bekräftigen dies Urteil.

derne? Zu Habermas' Theorie des kommunikativen Handelns, hg. von Rainer Danielzyk und Fritz Rüdiger Volz, München 1986 (= Schriftenreihe des Evangelischen Studentenwerks Villigst Bd. 3) 87–99, Anm. 150f. – Vgl. auch die nützlichen Vorschläge zu einer »Auseinandersetzung zwischen Habermas und Lyotard«, wie sie Wolfgang Welsch *(Vielheit ohne Einheit? Zum gegenwärtigen Spektrum der philosophischen Diskussion um die »Postmoderne«)* gemacht hat (in: *Philosophisches Jahrbuch* 94, 1987, 1. Halbband, 111–141, hier: 134ff.).

II

Lyotard nennt den Typ von agonaler Konfrontation im Gespräch – er sagt sogar, und darauf wird zurückzukommen sein: »in der Argumentation« – »différend«, was im Deutschen (unter Anspielung auf Kants Antinomien-Kapitel) durch »Widerstreit« übersetzt wurde. Man beherrscht indessen eine Definition nicht durchs Lexikon, sondern indem man beobachtet, von welchen Termen derselben »assoziativen Gruppe« (mit Saussure zu sprechen) sie sich nach welchen Kriterien abgrenzt. Lyotard unterscheidet »différend« mit folgender Wendung vom »litige«, vom traditionellen Rechtsstreit:

> A la différence d'un litige, un différend serait un cas de conflit entre deux parties (au moins) qui ne pourrait pas être tranché équitablement faute d'une règle de jugement applicable aux deux argumentations (*LD* 9).

Es handelt sich offenbar um einen Fall, analog zur Definition, die Hegel vom Tragischen gegeben hat als einer Kollision, innerhalb deren »beide Seiten des Gegensatzes für sich genommen *Berechtigung*« haben.* Man wird angesichts dieses Vergleichs gleich einwenden wollen, daß die Frage der Berechtigung eben im *différend* unentscheidbar ist; das entspricht aber nicht Lyotards Text, der nicht nur hier, sondern wiederholt heimlich ein sol-

* Der ganze Passus lautet: »Das ursprünglich Tragische besteht nun darin, daß innerhalb solcher Kollision [die vorher als ›unausweichlich‹ charakterisiert war] beide Seiten des Gegensatzes für sich genommen *Berechtigung* haben, während sie andererseits dennoch den wahren positiven Gehalt ihres Zweckes und Charakters nur als Negation und *Verletzung* der anderen, gleichberechtigten Macht durchzusetzen imstande sind und deshalb in ihrer Sittlichkeit und durch dieselbe ebensosehr in *Schuld* geraten« (*Ästhetik*, hg. von Fr. Bassenge, Berlin 1955, 1071, vgl. auch 1085, unten).

ches normatives Entscheidungskriterium in Anspruch nimmt: »Que l'une soit *légitime* n'impliquerait pas que l'autre ne le soit pas« (*LD* 9; von mir hervorgehoben [M. F.]). Würde man, fährt Lyotard fort, an beide Parteien dasselbe (von beiden oder einer von ihnen nicht anerkannte) Maß anlegen – wie es sich für den Fall einer strittigen Rechtssache anböte –, so fügte man ihnen ein »tort« zu, der Schiedsspruch wäre nicht »équitable«. Die verwendeten französischen Ausdrücke vermeiden zwar die Assoziation der juridisch-moralischen Sinnsphäre des Rechts – im Deutschen wird aber die Übersetzung durch »Unrecht« bzw. »unbillig« fast unumgänglich. Der *différend* produziert also Unrecht oder Unbilligkeit – und deren bloße Feststellung, sollte man vermuten, muß einem Entscheidungskriterium verpflichtet sein, das sehr wohl über den Streitenden steht (wir werden auch darauf zurückkommen müssen). Das Unrecht, das der *différend* zufügt, ist indessen bei Lyotard semantisch abgegrenzt von dem, was er »dommage« (»Schaden«) nennt. Ein Schaden entsteht aus einer Verletzung der Regeln einer Diskursgattung (vorher war nur vom Genre des Argumentierens die Rede, jetzt gleitet Lyotard unversehens oder absichtlich in die Allgemeinheit aller Diskursgattungen); mithin kann ein Schaden dieser Art nach den Regeln des verletzten Diskurses wiedergutgemacht werden: Schäden sind heilbar, der »tort« (der aus einem *différend* hervorgeht) ist irreparabel. Mit einem *tort* haben wir mithin zu tun, wenn die Regeln der Diskursgattung, die unserem Urteil zugrunde liegen, nicht die der Gattung(en) des beurteilten Diskurses sind. Mit einem Wort: ein *dommage* ist innerdiskursiv behebbar; ein *tort* dagegen wiegt darum schwerer, weil er den oder diejenigen, die von ihm betroffen werden, zugleich der Mittel – der überdiskursiven Metaebene – beraubt, auf der sie ihn nach intersubjektiv anerkennbaren Regeln einklagen und unter Beweis stellen könnten (*LD* 18, 7.). Nur dieser Grenzfall interessiert Lyotard, und der im Titel seines Buches ausgestellte Terminus »différend« meint eben, daß hier eine universelle Schlichtungs-Regel zwischen oder über den heterogenen Diskursgattungen fehlt (*LD* 9).

Ein Beispiel, mit dem Lyotard bevorzugt arbeitet, ist der »tort«, der den Opfern der Gaskammern zum zweitenmal zugefügt wird dadurch, daß man ihr Zeugnis über widerfahrenes Unrecht an ihr Überleben bindet. Dann ist der »tort« – wegen des Todes der Opfer – gerade unbeweisbar, mithin – juristisch gesprochen – kein justiziabler Sachverhalt. So jedenfalls will es der unsägliche französische Historiker Faurisson, der die Existenz der Gaskammern mit etwa dieser rhetorischen Figur in Frage stellen zu können prätendiert. Lyotard sieht hier ein echtes »Dilemma« (*LD* 16ff.), und zwar darum, weil er die Existenz von universell konsensfähigen Prozeduren der Realitätserfassung leugnet (17, 3.; 23/4). In der Tat (und da würde ihm Habermas, unter Berufung auf Peirce, folgen) kann der Terminus »Realität« nicht unabhängig von dem anderen »Wahrheit von Aussagen« eingeführt werden: die Wirklichkeit wäre dann das Ganze der (in wahren Aussagen) festgestellten Tatsachen. Alsdann ist es aber unmöglich, die unter Rekurs auf die Sprachlogik allererst konstituierte Wirklichkeit nachträglich zu dem zu machen, was von der Sprache nur re-präsentiert würde.* Auch Habermas, wie wir sehen werden, bindet eben darum, weil Aussagenwahrheit nicht als Repräsentation von sprachunabhängiger Tatsachenwirklichkeit verstanden werden kann, die Rede von Wirklichkeit und

* Jürgen Habermas, *Vorstudien und Ergänzungen zur Theorie des kommunikativen Handelns*, Frankfurt/Main 1984 (hinfort im Text zit. *VE*), 107.

Wahrheit an Prozeduren des intersubjektiven Sich-Verständigens, die ebenfalls offen und unendlich sind, da jeder Konsensus vernünftigerweise durch neue Argumente wieder in Frage, d. h., in Fluß gebracht werden kann. – Ähnlich sagt Lyotard:

La réalité n'est pas ce qui est »donné« à tel et tel »sujet«, elle est un état du référent (ce dont on parle) qui résulte de l'effectuation de procédures d'établissement définies par un protocole unanimement agréé, et de la possibilité offerte à quiconque de recommencer cette effectuation autant qu'il veut (*LD* 17, 3.).
Tel est notre mode de penser que la réalité n'est pas donnée, mais l'occasion de requérir que les procédures d'établissement soient effectuées à son sujet (*LD* 23/4).

Diese Verfahren zur Wirklichkeits-Erfassung sind nun – wie bei Habermas – nicht ableitbar aus einer a priori diskursunabhängigen Sprachregel – es gibt in Fällen der Uneinigkeit keine dritte und letzte Entscheidungsinstanz (keinen »magistrat prud'homal«); »le différend se signale par cette impossibilité de prouver« (l. c. 25). Unter dieser Voraussetzung wird es müßig, Faurisson Unaufrichtigkeit, Böswilligkeit, hartgesottene faschistische Gesinnung zu unterstellen. Die »Wahrheit« einer Rede kann sich in jedem Falle nur nach Diskursregeln manifestieren, die – weil die Realität nicht ihr Vorbild, sondern ihr Konstrukt ist – mit anderen Diskursregeln in Widerstreit treten können. Lyotard erwidert auf die imaginierten Vorwürfe an Faurissons Adresse:

Non. Ce que vous appelez mauvaise volonté, etc., est le nom que vous donnez au fait que l'adversaire n'a pas pour enjeu l'établissement de la réalité, qu'il n'accepte pas les règles de formation et de validation des phrases cognitives, que son but n'est pas de convaincre. L'historien n'a pas à convaincre Faurisson si celui-ci »joue« à un autre genre de discours, où la conviction, c'est-à-dire l'obtention d'un consensus sur une réalité définie, n'est pas en jeu (l. c. 37/8).

Das läßt sich verstehen. Unverständlich wird allerdings das moralische Engagement zugunsten der Opfer – um seine Legitimität darzutun, muß Lyotard sich in einem Zirkel bewegen, innerhalb dessen er die Unrechtmäßigkeit des »tort«, deren Unfeststellbarkeit er behauptet, immer schon erkannt haben muß. Dieser performative Widerspruch wird, wie wir sehen werden, die Basis seiner Überlegung erheblich erschüttern.

Zunächst wollen wir die Präzisierung einiger Begriffe nachholen, die für Lyotards Theorie konstitutiv sind. Bevor sie nicht verstanden sind, kann keine Illustration durch ein sogenanntes konkretes Beispiel ihre belegende Kraft entfalten.

Lyotard unterscheidet in systematischer Absicht zwischen »Satzverwendungsregeln« (»régimes de phrases«) und »Rede-« oder »Diskursgattungen« (»genres de discours«) (*LD* 10). Ich habe den ersten Terminus sehr frei übersetzt, mit absichtlicher Anspielung auf Wittgenstein, den Lyotard bei allen Gelegenheiten (neben Kant) als seinen Hauptkronzeugen anführt. Gemeint ist offenbar, daß jede Satzverwendung einer Regel folgt, aber einer solchen, die nur *diesen* bestimmten Satztyp spezifiziert. Die Verkettung mehrerer (nach solchen Regeln geformter) Sätze untereinander wird durch Diskursgattungen bewerkstelligt. Lyotard nennt als Beispiel »mit jemandem sprechen (dialoguer)«. Dabei werden Sätze verschiedener »régimes« miteinander verknüpft, z.B. Akte des Fragestellens mit solchen des Zeigens oder Beschreibens. Die Heterogenität der in der Rede verknüpften Satztypen fällt nicht ins Gewicht, solange Einigkeit über den Referenten, auf den der Wortaustausch sich bezieht, und über den Zweck der gesamten diskursiven Veranstaltung besteht (Wissenserwerb, Verführung, Bewertung, Rührung, Kontrollausübung usw.). Durch Redegattungen werden Sätze auf Hinsichtnahmen intentional bezogen und so finalisiert.

Was Lyotard »Redegattungen« nennt, scheint recht genau mit dem übereinzukommen, was in *La condition postmoderne* noch mit dem Wittgensteinschen Namen »Sprachspiele« bezeichnet war. Eines ihrer Grundmerkmale ist bekanntlich ihre irreduzible Mannigfaltigkeit, wie Wittgenstein, oder ihre disseminale Natur, wie Lyotard sagt (*CD* 67; *Werkausgabe* [zit. *WA*], Bd. 1, 250 n° 23; 294/5 n° 97). Beide meinen: die Nichtableitbarkeit der Sprachspiele aus einem »›langage‹ en général«, wie Lyotard (*LD* 10), oder einer alle Teilordnungen befassenden »*Über*-Ordnung«, wie Wittgenstein formuliert (*WA* 1, 295 n° 97).

Lyotard merkt selbst an (*LD* 11), daß er nicht nur im allgemeinen die sprachphilosophische Wende (»tournant langagier«) der neueren Philosophie, sondern insbesondere auch ihren *pragmatic turn* mitvollzieht, der die Bedeutung eines Wortes/Satzes an die Regel der Verwendung in sozial definierten Handlungszusammenhängen bindet. Anders wäre seine Rede vom Aussein des Diskurses auf ein Ziel unverständlich (*LD* 10; vgl. 51: »Les genres de discours déterminent les enjeux, ils soumettent des phrases de régime différent à une finalité unique«; ähnlich 188: »un genre de discours imprime à une multiplicité de phrases hétérogènes une finalité unique par des enchaînements visant à procurer le succès qui est propre à ce genre»; oder 197: »Avec les genres, viennent les fins« und 127: »La téléologie commence avec les genres de discours, non avec les phrases«).

Ist dieser Punkt geklärt, wird man erfahren wollen, welches denn die spezifischen Eigenschaften der *Elemente* von Redegattungen sind. Wir kennen bisher nur ihren Namen: »phrases«. Übersetzen wir das durch »Sätze«, haben wir uns keiner formalsemantischen, sondern einer linguistischen Kategorie bedient. Sätze bestehen aus Wörtern, die nach morphologischen und syntaktischen Regeln miteinander verbunden sind. Verschiedene Sätze können denselben Sachverhalt ausdrücken (z. B. »Der Kreuz-Bube ist der höchste Trumpf« und »The jack of clubs is the highest trump«); umgekehrt kann ein und derselbe Satz (»Du gehst jetzt raus«) verschiedene Intentionen ausdrücken (eine Aufforderung etwa oder eine Feststellung). Lyotard diskutiert diese pragmatische Unterbestimmtheit des Satzes umständlich an dem ohne Kontext vieldeutigen Beispiel »Du kannst bei mir vorbeigehen« (*LD* 122f.), womit das Vermögen und die Adressenkenntnis oder die Eventualität meiner Visite, mein Wunsch, es zu tun, die Erlaubnis dazu und noch anderes gemeint sein können.

An rein linguistische Einheiten scheint Lyotard mithin nicht zu denken. Die Beispiele, die er nicht nur mit dem eben gegebenen Satz, sondern schon bei Einführung des Ausdrucks »régime de phrases« anführt, heißen »Überlegungen anstellen, erkennen, beschreiben, erzählen, fragen, zeigen, befehlen« (*LD* 10). Einige von ihnen (fragen, zeigen, befehlen) können wir als Sprechakte identifizieren,* als pragmatisch situierte Äußerungen also (und von den anderen fragen wir uns, was sie in dieser Reihe zu suchen haben). In jeder Rede wird ja nicht nur *etwas* gesagt, der sogenannte »propositionale Gehalt«, symbolisiert durch den unvollständigen Satz ›daß p‹ (Lyotard spricht vom Referent, ohne einen terminologischen Unterschied zu machen zwischen dem, wofür ein singulärer Terminus, und dem, wofür ein Begriffsausdruck oder ein ganzer Satz stehen; sein Schema ist das etwas herunterge-

* Diese Vermutung bestätigt sich z. B. aus n° 65 (S. 70/1), wo vom »régime des descriptives, (...), interrogatives (...), exclamatives« usw. die Rede ist.

kommene Bühlersche vom Sender, der einem Empfänger eine [sinnvolle] Nachricht über einen Gegenstand übermittelt: *LD* 30/1; vgl. das ganze Kapitel »Le référent, le nom«, l.c. 56ff.); es wird auch (meist nur implizit) die Absicht (Intention) angezeigt, in welcher die Äußerung zu nehmen ist. Der Satz »Die Tür ist einen Spaltbreit offen« kann als Beschreibung einer Tatsache oder als eine Aufforderung verstanden werden, sie mit Rücksicht auf meine Erkältung zu schließen. Eine Äußerung versteht nicht, wer allein ihren Inhalt auffaßt, sondern wer die Intention errät, in der dieser geäußert wurde. Das ist die »charakteristische *Doppelstruktur* jeder Sprechhandlung« (*VE* 201 f., 397 f.), die Habermas so erläutert:

> eine Kommunikation über Gegenstände (oder Sachverhalte) kommt nur unter der Bedingung einer gleichzeitigen Metakommunikation über den Verwendungssinn [die Intention] des abhängigen Satzes zustande (l.c., 91).

Ein Sprechakt wäre mithin kein Satz, d.h. keine linguistische, sondern eine pragmatische Einheit, einschließlich der Möglichkeit des Aussagen-Treffens; und das scheint Lyotard wenigstens zu implizieren, wenn er, was er »Satz« nennt, spezifiziert durch Satzverwendungsregeln (»régimes de phrases«); damit sind ja offensichtlich keine (im linguistischen Sinne) syntaktisch-lexikalischen Regeln, sondern solche gemeint, die den Verwendungssinn des im Satz Gesagten festlegen. Zur Unterscheidung des syntaktisch-lexikalischen vom semantisch-pragmatischen Charakter von Sätzen schlug Wittgenstein die Differenzierung zwischen Oberflächen- und Tiefengrammatik vor: jene weist auf, was vom Ohr und vom Auge oder auch aus der Regelkenntnis des Lexikologen und des Syntaktikers aufgefaßt wird; dieser bemächtigt sich, wer die Regel der Sprachverwendung und mithin die Sprecherintention erfaßt.

Daß dies etwa Lyotards Auffassung und Sprachgebrauch trifft, liegt aus sachlichen Gründen nahe. Unter Satz-Typen führt er auf »deskriptive, kognitive, präskriptive, evaluative, interrogative« (*LD* 127) – alle ungefähr als Sprachverwendungsklassen identifizierbar. Daneben figurieren aber eine Reihe sogenannter »régimes de phrases«, die – wie Erzählen, Überlegungen anstellen, Argumentieren (*LD* 10, 51) – satzübergreifende, also diskursive, vor allem finalisierte Sprachhandlungen bezeichnen, wie sie zuvor als Redegattungen gefaßt waren. Umgekehrt erlaubt die unscharfe Umgrenzung des Terms »Redegattungen« nicht immer die Abhebung gegen Sprechakte – z. B. im Falle von »évaluer«, das, eben noch als Satztyp angeführt (*LD* 127), jetzt als Instantiierung einer Redegattung auftritt (*LD* 10): eine Nachlässigkeit, die schwerlich aus der prätendierten Undefinierbarkeit des Terms »Satz« zu rechtfertigen ist (*LD* 106/7).

Wie dem auch sei: nach Lyotard hat – auf der so definierten Grundlage – ein *différend* drei Quellen: die Heterogenität der in der Rede verketteten Sprechakte untereinander (d. h. ihre Irreduzibilität auf ein sie übergreifendes Über-Sprachspiel); die Unvereinbarkeit verschiedener Satzverwendungsregeln mit *einer* Diskursgattung, die deren konfliktuelle Pluralität stillstellte; und schließlich die nicht minder unüberwindliche Ungleichartigkeit der verschiedenen Redegattungen selbst (*LD* 10). Beispiel für den ersten *différend/tort* wäre der Anschluß eines ostensiven an einen interrogativen Sprechakt (beide verschiedenen illokutionären Klassen zugehörig); die Verknüpfung der Sätze folgt keiner übergeordneten Regel und hat keine deduktiv-analytische Notwendigkeit. Immerhin kann diese Heterogenität durch Einbettung der Sätze in die Einheit der Diskursgattung aufgefangen werden (im Dialogspiel fragt der eine nach einer Illustration, der andere liefert sie durch eine Zeigegeste). Für die Wahl gerade dieser Redegattung besteht aber erneut keine logisch-deduktive Notwendigkeit;* jeder Sprechakt könnte prinzipiell in einer anderen Redegattung auftreten – und daß er das nicht tut, scheint Lyotard für einen dem Genre zugefügten »tort« zu halten. Schließlich gibt es kein Über-Genre: das Redeziel »Verführen« (an dem Lyotard besonders liegt) ist mit dem (weniger privilegierten) der »argumentativen Rechtfertigung« z. B. unversöhnbar (*LD* 10, 90).**

Dies Trilemma kondensiert sich in *Le différend* im Problem des Anschlusses zwischen Sätzen. Da es keine höherstufige Diskursregel gibt, die alle »genres de discours« zu einem kohärenten Text determiniert, ebensowenig eine übergreifende Satzverwendungsregel für alle Sätze, bleibt jede denkbare Verkettung von Diskurseinheiten ungerechtfertigt, ohne Notwendigkeit. Wir haben die Situation des *différend*, in der Gleichberechtigte sich einen – mangels Schlichtungsinstanz – nicht-justiziablen »tort« antun. Es macht Lyotard größten Kummer, daß man an die Assertion, das Paradigma des Subjekts sei zu Ende, mit Heiterkeit oder Empörung, mit Widerlegungsversuchen oder mit einer Satire anschließen kann: Die Wahl einer Fortsetzungsform geschieht stets auf Kosten anderer, denen ein unheilbares Unrecht geschieht. Schon in der Wahl des argumentativen Genres müßte es stecken; denn vergessen wir nicht, daß Lyotard den *différend* zunächst in der *Argumentation* aufspürte und daß sein literarisches Ziel ist, »den Leser zu *überzeugen*«

* »Il faut enchaîner, mais le mode d'enchaînement n'est jamais nécessaire« (52).

** Es gibt kein »principe téléologique [qui] régit le passage d'un genre de discours (...) à l'autre« (53).

(*LD* 11). Das Gesprächsziel »überzeugen« kann sich – mangels eines alle Gesprächsziele übergreifenden Über-Diskurses – gegen dasjenige etwa des »Seinen-Leser-übers-Ohr-Hauens« nur durch einen »tort« abgrenzen. Worin bestünde dann aber der Sinn des ganzen Unterfangens, das doch mit dem Aufweis der strukturellen Unvermeidlichkeit des »tort« nicht gerade einen solchen begehen will? Nur wenn die argumentative Durchleuchtung der Struktur des Widerstreits kontra-faktisch eine Ebene von intersubjektiv unstrittiger Geltung in Anspruch nimmt, können die Behauptungen von *Le différend* von den Lesern geprüft und für richtig oder falsch befunden werden. Auf diesen performativen Selbstwiderspruch im Publikationsunterfangen von *Le différend* wird noch einzugehen sein.

III

Ich hoffe, es ist über der definitorischen Kleinarbeit dennoch deutlich geworden, daß mit dem Problem des fehlenden Über-Diskurses *Le différend* an die Grundthese von *La condition postmoderne* anknüpft. Die Brüchigkeit eines unsere nur im Plural greifbaren Verständigungssysteme überwölbenden Meta-Diskurses läutet jenem Weltdeutungszusammenhang die Sterbeglocke, den man Neuzeit oder (insofern die Neuzeit dessen letzter Ausläufer ist) Abendland genannt hat. Ein Denken unter Bedingungen irreduzibel disseminaler Verständigungsverhältnisse ist *postmodern.* Der Untergang der universalistischen Diskurse (der neuzeitlichen Metaphysik, der Fortschrittserzählungen, des Sozialismus, des Überflusses, des Wissens), das müde Lächeln angesichts »der Theorie« und der vorgeblich revolutionären Neuerungen und »Postismen«: ebensoviele Symptome für den Anbruch der »Stunde des Philosophierens« (*LD* 11). Geschlagen hat sie freilich schon früher, wenn sie auch nicht von allen vernommen worden ist. Die wichtigsten Wegbereiter heißen Kant und Wittgenstein. Jener, weil er die Unvereinbarkeit verschiedener Satzverwendungsregeln (des deskriptiven [=theoretische Vernunft] und des präskriptiven Diskurs [=praktische Vernunft]) bzw. die Heterogenität verschiedener Diskursgattungen (Rede über die Beziehung zwischen Ding an sich und Sinnlichkeit, Rede über den Bezug zwischen Sinnlichkeit/Rezeptivität und Verstand/Spontaneität [vgl. die drei »Notices« zu Kant, 96ff., 174ff., 189ff., 232ff.]) innerhalb der vorgeblichen Einheit unseres »Gemüts« aufgewiesen hat. Dieser, weil er die Sprachspiele und ihre irreduzible Mannigfaltigkeit als solche einer Analyse unterzogen hat:

Dans le contexte imaginé par l'A. [le symbole de l'auteur], ils sont des épilogues de la modernité et des prologues à une post-modernité honorable. Ils dressent le constat du déclin des doctrines universalistes (métaphysique leibnizienne ou russellienne) (*LD* 11 u.).

Ich lasse die (philologisch besonders fragwürdige) Referenz auf Kant aus textökonomischen Gründen außer acht und beschränke mich auf den Bezug auf Wittgenstein. Zwei Leistungen schreibt Lyotard ihm gut: die Entdekkung, daß die Bedeutung eines Terms sein Gebrauch sei; und die Entdeckung, daß die Satzverwendungsregeln und die Sprachspiele von irreduzibler Mannigfaltigkeit und untereinander heterogen sind (*LD* 12).*

1) Mit der Gebrauchstheorie der Bedeutung hat Wittgenstein bekanntlich einem Sprachmodell widersprechen wollen, dem er selbst im *Tractatus* noch anhing, dessen Aporien ihm aber bald sichtbar wurden. Derrida hat es – in auffälliger Parallele** – das Repräsentationsmodell der Sprache genannt. Ihm zufolge re-präsentieren die Wortzeichen Dinge bzw. Ereignisse oder deren Eigenschaften, und die synkategorematischen Ausdrücke sowie die syntaktischen Funktionen stünden für die Weise ihrer Verknüpfungen. Demnach gäbe es so etwas wie eine intellektuelle Anschauung der intelligiblen Bedeutungen, die im Wortzeichen bzw. im Syntagma lediglich »versinnlicht« würden (bei Frege wäre das An-

* Hier führt Lyotard übrigens seinen eigenen Term »régime de phrases« mit dem Wittgensteinschen »des jeux de langage« gleich – was durch die Wortverwendung seines eigenen Textes nicht gestützt werden kann. Ich würde unter »Sprachspielen« eher verstehen, was Lyotard »Diskursgattungen« nennt.

** Darauf verweist Christian Stetters ausgezeichnete Dissertation über *Sprachkritik und Transformationsgrammatik*, Düsseldorf 1974, 37ff.

geschaute eines assertorischen Satzes entsprechend die Wahrheit oder Falschheit [*Der Gedanke*, in: *Logische Untersuchungen*, hg. G. Patzig, Göttingen 1976, 33,2]). Diesem Modell hatte früher schon Saussure widersprochen mit dem Nachweis, daß der Zeichenartikulation weder eine intelligible Gedankensphäre noch ein gegliedertes Zeichenmaterial vorausbesteht, sondern daß sich die Welt (als Sinnzusammenhang einer Sprechergemeinschaft) zugleich mit den materiellen Trägern der Zeichen ausdifferenziert. Im *Tractatus* – wie Christian Stetter in der eben zitierten Arbeit zeigen konnte – hatte Wittgenstein diese weltkonstituierende Funktion der Prädikation zugeschrieben. Jede Prädikation schließt einen Urteilsakt ein und mithin einen abduktiven Schluß, eine Interpretation, die Wirklichkeit nicht nachbildet, sondern erschließt. Der entscheidende Unterschied zu Saussure liegt im Übergang von der Orientierung am Einzelwort zur Auffassung, das semantische Minimum sei das im Satz Gesagte, so freilich, daß der Gedanke in diesem nicht abgebildet, sondern konzipiert wird. (Der Saussuresche Gedanke der systematischen Ausdifferenziertheit einer sprachlich vermittelten Weltsicht kehrt bei Wittgenstein wieder in der Überzeugung, daß jedes Einzelding nur in Abgrenzung gegen anderes, das es nicht ist, identifizierbar wird. Eine Bedeutung hat etwas – z. B. die Farbe »rot« – nur in einem »System« von anderen Eigenschaften ihresgleichen [*WA* 3, 65 f., 88 f., 261]). Die Abbild-Theorie des *Tractatus* wurde freilich favorisiert durch die ausschließliche Orientierung am Aussagesatz und mithin an der Wahrheit. Wie das Beispiel Freges zeigt, läßt sich die Rede vom Stehen-für an ihm noch einigermaßen verständlich machen. Sprechakte wie Befehlen, Einsegnen, Liebeserklärungenmachen haben keine Referenz, wie die Wahrheit es für die Assertion zu sein scheint. So erklärt sich auch, daß der frühe Wittgenstein »die allgemeine Form des Satzes« mit der »Wahrheitsfunktion« (*WA* 1, 69, n° 6) gleichsetzen und eine Tradition schaffen konnte, derzufolge einen Satz verstehen heißt: wissen, unter welchen Umständen er wahr ist (Verstehbarkeit hat aber einen viel weiteren Umfang als Verifizierbarkeit).

Lyotard folgt Wittgenstein weitgehend, wenn ihm auch die Präzision des analytischen Feinmechanikers gebricht. Im »Le référent, le nom« überschriebenen Kapitel (*LD* 56ff.) unternimmt er eine Subversion der gewöhnlichen Vorstellung von Realität: weit entfernt, daß die Verifikationsmethoden sich einer angeblich vorbestehenden (und in der Sprache nachzubildenden) Wirklichkeit anzuschmiegen hätten, ist Wirklichkeit nur ein Grenzwert, der sich im »univers de phrase« konstituiert. Wir sahen – und darauf weist Lyotard wiederholt hin –, daß wir den Begriff von Wirklichkeit nicht unabhängig von dem der wahren Aussage einführen können: »Il s'ensuit que la réalité ne résulte pas d'une expérience« (*LD* 76). Sie erleidet einen Umsturz: erst schien ihre Beschreibung sich an perzeptiven Gegebenheiten zu orientieren, jetzt dienen diese nur mehr zur Stützung der deskriptiven Rede über sie (l. c., 69 n° 62). Lyotard hält sich lange damit auf, die Uneindeutigkeit der Namenwörter und deiktischen Ausdrücke darzutun, die in wechselnden Redekontexten mit einem Nebel von Sinn*

* »essaim de sens« (*LD* 82 n° 82). Lyotard spricht auch von einer »inflation des sens attachés aux noms [qui] ne peut être absolument stoppée« (l. c., 79 n° 77). In seinem Aufsatz *Grundlagenkrise* (in: *neue hefte für philosophie* 26 [1986], 1–33, hier: 9) scheint er diese Meinung aufgegeben zu haben. Gegen Apel, der den Rekurs auf Sinneserfahrung und raum-zeitliche Gegebenheiten nicht für das Wesentliche des wissenschaftlichen Beweises hält, der vielmehr in Argumentform (rein kognitiv) erbracht werden muß, betont Lyotard hier die Unerläßlichkeit der »deiktischen Funktion«, der Abstützung durchs empirisch Gegebene (als sei dies theoriefreies *factum brutum*) und polemisiert gegen »die

wie Fensterscheiben sich beschlagen und trüben. Dabei bedient er sich nicht einer einfacheren Überlegung, die rascher ans Ziel geführt hätte: deiktische Ausdrücke identifizieren ihren Referenten nur in präzisen Kontexten. Dazu gehört – worauf Lyotard vor allem verweist – zunächst die Ostension (der Zeigeakt). Sie erreicht ihr Objekt aber nur, wenn sie es – z. B. durch sortale Prädikate – näher beschreibt (»Was für ein Ding soll ich aus allen anderen aussondern in der Richtung, in die dein Finger weist?«). Über die Identität des Objekts verfüge ich aber auch dann noch nicht mit Sicherheit, es sei denn, man gibt mir eine objektiv-lokalisierende Kennzeichnung in die Hand, die mir das Auffinden des Gegenstands unabhängig von der zufälligen Zeigesituation (deren topographische Koordinaten mir verborgen sein können) ermöglicht. Allgemeiner noch können wir sagen, daß die Identifikation eines Einzeldinges als dieses und nicht als jenes eine prädikative Unterstützung erfordert, also nur auf dem Niveau des ganzen Satzes, nicht des singulären Terminus geleistet werden kann. Etwas als dies-oder-jenes ansprechen heißt aber: es interpretieren.

Auflösung der referentiellen Dimension von Aussagen in ihre kommunikative Geltung, d. h. die Auflösung von Wahrheitsbedingungen durch Konsensbedingungen«. Da, was ein Basis-Satz ist, selbst erst auf der Ebene theoretischer Vorentscheidungen fixiert wird, ist aber der Rekurs auf empirische Gewißheiten zirkulär – Wahrheit wird hier als Korrespondenz an einen (sinnlichen) Referenten aufgefaßt, und das auch noch im Namen Kants. Ich kann nicht sehen, wie diese Polemik sich mit der Reduktion von Realität auf Diskurse über sie, so wie sie in *Le différend* vorgetragen wurde, zusammenreimt. – In einem jüngeren Aufsatz (*Le nom et l'exception,* in: *Tod des Subjekts?* Hg. von Herta Nagl-Docekal und Helmuth Vetter, = Wiener Reihe, Bd. 2, Wien-München 1987, 43–53, hier: 48) wiederholt Lyotard dagegen die Ansicht seines Buches: »Mais l'inflation des significations attachées aux noms que produit la recherche et qui s'appelle développement des connaissances n'est rien auprès de celle qui résulte du fonctionnement du langage ordinaire. Celui-ci n'est pas fait principalement de phrases à finalité cognitive, tous les genres s'y mêlent, comme dans la conversation (...). Leur hétérogénéité interdit qu'elles fassent système ou genre et les maintient á l'état nébuleux.«

Die Interpretation beruht auf einem Erweiterungsurteil, mit dem ich perzeptiv Gegebenes auf seinen Sinn hin überschreite. Diese Deutung kann ich dann nicht im nachhinein als Abbildung der Realität ausgeben, wenn Realität das Gesamt nicht der Dinge, sondern der in Sätzen artikulierten Ding-Interpretationen ist. Die Interpretation ist nicht die Realität, sondern eine Auffassungsweise derselben, die sich wie ein Sprachgitter über das (abwesende) Original zu legen scheint. Popper hat das mit der Wendung von der Theorie-Abhängigkeit von Sachverhalts-Feststellungen wiedergegeben. Sagen, was in der Welt der Fall ist, heißt immer über die subjektiven Erfahrungen hinausgehen (»Transzendenz der Darstellung«). Selbst »Protokoll-« oder »Basissätze« sind Überschreitungen perzeptiver Erlebnisse auf ihren Sinn. Um sinnliche Gegebenheiten unter einem bestimmten Aspekt zusammenzufassen, bedarf's einer präjudizierten Perspektive, die ich nicht aus den Daten zu gewinnen vermöchte. Ich muß vielmehr auf Voraussetzungen theoretischer Natur zurückgreifen, deren Allgemeinheit niemals das Resultat von progressiver Abstraktion aus sensuellen Einzeldaten sein könnte. Aus dieser Kritik an der szientistischen Hoffnung, wissenschaftliche Erkenntnisse auf Erfahrung (subjektive Evidenzerlebnisse) zu basieren, folgert Popper bekanntlich auf das grundsätzliche Scheitern jedes epistemischen Rekurses auf letzte, positive Geltungsgründe. An ihre Stelle tritt das Verfahren der Überprüfung von Deduktionen aus Hypothesen, die gewöhnlich allgemeine Sätze und Randbedingungen enthalten, aus denen Voraussagen abgeleitet werden, die man dann mit den durch experimentelle Beobachtung gewonnenen Ergebnissen konfrontiert. Entsprechen diese den Prognosen, so wird die Hypothese als provisorisch – nämlich als vorbehaltlich künftiger Widerlegung/Modifikation – geltend angenommen, andernfalls gilt sie als falsifiziert. Die Analogie zur hermeneutischen Erfahrung, wie sie etwa Gadamer beschrieben hat, ist auffällig:* etwas verstehen heißt: eine Sache im Lichte eines Vor-urteils (das der Popperschen Hypothese entspricht) als dies oder als jenes vor-greifend deuten und das Deutungsraster (das aus dem zu Verstehenden nicht abgeleitet werden kann), eventuell den Textbefunden entsprechend, modifizieren. Dabei dient das Deutungsraster (das *explanans*, Gadamers Vor-urteil, Poppers Hypothese) gleichsam als transzendentales Bezugsschema, in dessen Lichte das *explanandum* sich als solches allererst konstituieren kann.

Insofern kann man sagen, daß das »univers de phrase« die Realität (auch in ihren perzeptiven Aspekten) bestimmt, und nicht umgekehrt. Die Realität – unendlich deutbar – erschließt sich erst (wie bei Peirce) am Ende aller Tage – also nie endgültig (»La réalité n'est pas une question de témoin absolu, mais une question de futur« [*LD* 86]). Statt sagen zu können, was eine Sache positiv ist, ist man allenfalls in der Lage zu sagen, als was sie sich – jetzt, im Rahmen dieser Verifikations-Standards oder dieses Sprachsystems – *nicht* darstellt. So tritt die Negation ins Zentrum jeder Rede von Wirklichkeit (l. c. 88). Die Neutralisation des sensualistischen Paradigmas (»die Welt ist das Gesamt dessen, was unseren Sinneserfahrungen entspricht«) macht, was für Realität zu gelten hat, zu einer Sache der Argumentation (»la neutralisation de la réalité [...] conduit [...] au principe que ›les démonstrations disent tout‹, qui ouvre la voie aux philosophies de l'argumentation et aux analyses de phrases«

* Ich stütze mich auf Ludwig Jägers Beitrag *Zu einer hermeneutischen Begründung der Sprachtheorie. Historisch-systematische Skizze,* in: *Germanistische Linguistik* 5–6/77, 3–78, bes. 39 ff.

[l. c. 75]). In diesem Punkt trifft sich Lyotard erneut mit Habermas, der Gewißheitserlebnisse (z. B. Sinneswahrnehmungen) in die intersubjektive Veranstaltung des Diskurses nicht aufnimmt: sie können Behauptungen stützen oder falsifizieren, mit ihnen – die nur dem Subjekt evident sind, das sie gerade hat – können aber keine intersubjektiv überprüfbaren Geltungsansprüche verbunden werden. Wahrheit ist eine Eigenschaft von Gedanken (oder Aussagen); es muß prinzipiell möglich sein, ihrer Behauptung zu widersprechen. Evidenzen sind dagegen weder verifizierbar noch falsifizierbar, man hat sie (gegebenenfalls) einfach. Indem ich einen Sachverhalt als wahr behaupte, deute ich eine Erfahrung im Lichte eines oder mehrerer Prädikate, denen ich Wahrheit unterstelle – ich behaupte indes keine Erfahrung. Kann von Realität (und Geltungsansprüchen) aber nur da gesprochen werden, wo subjektive Gewißheitserlebnisse schon in Sätzen prädikativ gedeutet wurden, und ist es ferner das Wesen von Geltungsansprüchen, nicht unter Hinweis auf Sinnesdaten und andere Gewißheiten, sondern durch Argumente gestützt zu werden, dann ist mit der Virtualisierung der Realität die kompetitive Argumentation die letzte Metaebene geworden, auf der entschieden werden kann, was der Fall ist (vgl. vor allem *VE* 137 ff. und 151 ff.). Gewiß, Habermas hält daran fest, daß diese letzte Metaebene des geltungsbezogenen Diskurierens (mithin die Hinsicht auf einen kognitiven Konsensus) noch bezogen werden könne, während Lyotard sie ablehnt – die Wittgensteinsche Provenienz ist beiden Entwürfen gemein.

2) In der Tat kommt der späte Wittgenstein auf den ersten Blick Lyotards Zweifel an der Betretbarkeit jener letzten Metaebene sehr viel näher als der Habermasschen Position. Zunächst dadurch, daß ihm die Idee einer Ta-

xonomie der Sprechakte oder einer Universalpragmatik ganz fern steht. Darunter versteht Habermas (an Searle sich anlehnend) die allgemeinsten Strukturen (oder die »universalen Bedingungen«) jeder Kommunikation, sofern ihr Gesprächsziel »Verständigung« – und mithin: Anerkennung verallgemeinbarer Geltungsansprüche jedes Redens – ist. Die Universalpragmatik expliziert also nur die impliziten Bedingungen, die in jeder kommunikativen Kooperation von den Gesprächspartnern »immer schon« anerkannt worden sein müssen. Diese reinen Typen verständigungsorientierten Redegebrauchs sind konstative, expressive und regulative Sprechakte, die mit ihnen verbundenen Geltungsansprüche heißen Wahrheit (von Aussagen), Wahrhaftigkeit (des sprechenden Subjekts) und Richtigkeit (von Normvorschlägen)* – zu ihnen tritt noch die Verständlichkeit der Rede als Konformität mit den Regeln der Erzeugungsgrammatik und Zugänglichkeit meiner Rede für den Gesprächspartner (sie ist insofern ein Sonderfall, als sie zu den Ermöglichungsbedingungen von Kommunikation als solcher, nicht aber zu den in der Kommunikation erhobenen Geltungsansprüchen gehört) (vgl. vor allem *VE* 353-440). Gelingendes Einverständnis setzt immer das Zusammenwirken aller drei (bzw. vier) korrespondierenden Geltungsansprüche voraus.

Es wäre schwierig zu belegen, daß in Wittgensteins Philosophieren eine solche Hinaussicht auf »Geltungsansprüche« – sei's auch als Implizitum allen Kommunizierens – die Rolle einer letzten tragenden Metaebene spielte. Im Gegenteil ist das Feld der etwa in den *Phi-*

* Diese Dreifalt elementarer Sprechakt-Typen bestimmt dann auf gesellschaftsgeschichtlicher Ebene die »Ausdifferenzierung der Wertsphären Wissenschaft, Moral und Kunst«. Unerachtet ihrer irreduziblen Pluralität verbindet sie ein gemeinsames »Vernunft«-Interesse.

losophischen Untersuchungen analysierten sogenannten »Sprachspiele« sehr viel weiter als das, was Habermas den »Diskurs« nennt (nämlich die Begründung kognitiver Äußerungen) (vgl. *VE* 114). Aber abgesehen davon, daß der späte Wittgenstein nicht vorrangig mit der Begründung von Geltungsansprüchen befaßt ist, ist eine der Pointen seiner pragmatischen Wendung die Bestreitung dessen, was er eine »*Über*-Ordnung« *des* Satzes nennt (*WA* 1, 295 n° 97). Die »Arten der Sätze« (Behauptung, Frage, Befehl usw.) sind *»unzählig«* (l. c., 250 n° 23), die »Mannigfaltigkeit der Werkzeuge der Sprache und ihrer Verwendungsweisen« ist irreduzibel (l. c.). So wie es keine allgemeine Satzform gibt, so auch keine Vorstellung eines überschaubaren Ganzen, eines durchgängigen Zusammenhangs zwischen den heterogenen Sprachspielen. Darum polemisiert Wittgenstein sowohl gegen den Begriff der Überregel, die die Anwendung von Einzelregeln (Sprachspiel-Regeln) ihrerseits unter Regeln brächte,* wie gegen die Vorstellung, eine Sprache beherrschen heiße, über eine allgemeine – ein für allemal fixierte – »Vorrichtung« zu verfügen, nach der man gegebenenfalls mechanisch von Sätzen zu ihrem Verständnis schreiten könne. Die Idee eines allgemeinen Sprachbegriffs ist haltlos – was mit einem »Satz« gegebenenfalls gemeint ist (worin seine Verwendungsregel besteht), ist nicht mit Notwendigkeit aus der allgemeinen Sprachkompetenz abzuleiten. Das ist eine Konsequenz des Bruchs mit dem Repräsentationsmodell der Sprache:

* Vgl. z. B. *WA* 3, 154/5: »Wir können nicht eine Regel aufstellen, um eine andere Regel anzuwenden. Wir können nicht eine Regel ›mittels‹ einer Regel anwenden.« *»Die Regel ist nicht so etwas wie der Mörtel zwischen zwei Ziegeln«*, d. h. der Übergang von einem Satz zu einem anderen immer Ergebnis eines abduktiven Schlusses, kein bloßes Werk bestimmender Urteilskraft. So schon Schleiermacher, *Hermeneutik und Kritik* (zit. *HuK*), Frankfurt/Main 1977, 360 und 81.

Wenn Sprache keine Versinnlichung (in Zeichenform) von an sich bestehenden intelligiblen Bedeutungen noch auf Bedingungen möglicher Verifikation einzuschränken ist, »dann ist durch nichts mehr gesichert, daß mit der Artikulation eines Satzes eine bestimmte Art verbunden sein muß, ihn zu verstehen. Sofern nicht ein nicht-repräsentativer Sprachbegriff gefunden wird, der *begründen* könnte, weshalb jeder Satz einer Sprache von ihren Sprechern in je einer bestimmten Weise zu verstehen sei, muß prinzipiell angenommen werden, daß mit keinem Satz ›automatisch‹ *eine* bestimmte ›Bedeutung‹ verbunden ist, sondern er vielmehr ›verschieden‹ verstanden werden, ›mißverstanden‹ werden oder gänzlich ›unverständlich‹ bleiben kann.«* Das erklärt die Unterscheidung einer Oberflächen- von einer Tiefengrammatik: keinem syntaktisch wohlgeformten Satz steht es an der Stirne geschrieben, wie ich ihn eben jetzt, in diesem Kontext, zu verstehen habe; und eine Regel, die in einem reflexiven Akt *alle* ihre Verwendungsmöglichkeiten befaßte, existiert nicht. Unter der Voraussetzung, daß Worte nicht für Gegenstände und Sätze nicht für Sachverhalte stehen, kann das Phänomen des Verstehens nur aus der *Regelmäßigkeit des Gebrauchs* erklärt werden; die wiederum ist gebunden an öffentlich zugängliche Kriterien. Ist damit die Fiktion einer Privatsprache ausgeschlossen (privat wäre, was nur für einen gälte), so folgt keineswegs, daß die Regel mit mechanischer Sicherheit ihren Gebrauch determinierte. Wittgenstein hat bis hinein in die Aufzeichnungen der *Philosophischen Grammatik* und der *Grundlagen der Mathematik* am Beispiel der »Entwicklung von Zahlenreihen nach Regeln« gezeigt, daß z. B. der Vorgabe der Anfangszahlen einer Reihe der

* Christian Stetter, l. c., 53. Ich orientiere mich im folgenden an der überzeugend entwickelten Wittgenstein-Deutung dieses Buches.

Form 0, n, 2n, 3n ... die Regel nicht unfehlbar zu entnehmen ist, nach der das Beispiel gebildet wurde. (Sie kann eine beschränkte Ausdehnung haben und so gemeint sein: »Addiere bis 1000 immer 2, bis 2000 4, bis 3000 6 etc.« [*WA* 1, 336ff. n° 185ff.]). An jedem Punkt der Reihe kann eine *neue* Entscheidung (oder eine neue Interpretation) notwendig werden, so daß der Appell an regelkonformes Vorgehen rhetorisch wird. Wie ich von einer Zahl (oder von einem Satz) zur/zum anderen »überzugehen« habe, kann ich durch kein Kriterium im voraus wissen (339 n° 190). Schon Wittgenstein problematisiert also die Idee einer an der Gebrauchsregel ablesbaren *notwendigen* Fortsetzung eines Sprachspiels, und zwar mit dem Argument, es gebe keine transzendentale Logik »hinter« der Sprache, die unsere Denkschritte leitet. Damit ist das Code-Modell des Verstehens (intelligible Bedeutungen werden in ein Zeichensystem verschlüsselt und vom Empfänger nach demselben Schlüssel in Bedeutungen rückverwandelt) verabschiedet. Die Abfolge der »Übergänge« zwischen Sätzen (338 n° 188) ist nicht »in einer *einzigartigen* Weise [je schon] vorausbestimmt, antizipiert« (l.c.), so daß die einzelnen Schritte nur noch deduktiv aus der Regelbeherrschung folgten. Wer so etwas annimmt – spottet Wittgenstein –, orientiert sich am »Symbol der ideal starren Maschine«, die »alle ihre möglichen Bewegungen schon in irgendeiner mysteriösen Weise in sich [habe]« (341 n° 194), so als ob das Künftige im Gegenwärtigen schon enthalten sei (340/1 n° 193). Ebensowenig ist an *»kausale«* Determination zu denken (342 n° 195). Nein, »die ganze Verwendung des Wortes« in allen seinen Kontexten ist *nicht* »mit einem Schlag [zu] erfassen« (343 n° 197), sie konstituiert und modifiziert sich »in der täglichen Praxis des Spielens« (l.c.). Intentionen, Zwecke (279ff., n° 69ff.), die allein

Sprachspielen Einheit und Regularität verleihen (auch das übernimmt Lyotard von Wittgenstein), sind zwar nicht privat, sondern intersubjektiv, darum aber gerade *nicht* sicher erfaßbar (die Bedeutung eines Wortes ist mir nie gegenwärtig,* eben weil *ich* es nie bin, der ihre Verwendungsregel festsetzt). Sie bilden »Begriff(e) mit verschwommenen Rändern« (280 n° 71; vgl. 279 n° 69: »Wir kennen die Grenzen nicht, weil keine gezogen sind«). Das Bild der *deduktiven Notwendigkeit* im regelgeleiteten Übergang zwischen Sätzen muß also als Mythos verabschiedet werden, mit ihm das Symbol der hyperrigiden (»ideal starren«) Maschine. Für die »Richtigkeit« oder »Falschheit« einer Regel gibt es keine außersprachlichen, und d.h. (denn wer spricht, nimmt an einer gemeinsamen »Lebensform« teil) keine außersozialen Kriterien: »Richtig und falsch ist, was Menschen *sagen;* und in der *Sprache* stimmen die Menschen überein. Dies ist keine Übereinstimmung der Meinungen, sondern der Lebensform« (356 n° 241). Wittgenstein fügt hinzu: »Zur Verständigung durch die Sprache gehört nicht nur eine Übereinstimmung in den Definitionen, sondern (so seltsam dies klingen mag) eine Übereinstimmung in den Urteilen« (l.c., n° 242). Die Definition kann nämlich »schwanken«: »Was heute als erfahrungsmäßige Begleiterscheinung des Phänomens A gilt, wird morgen zur Definition von ›A‹ benutzt« (285 n° 79). Ein Urteil ist ein prädikativer Akt. Wir haben aber schon gesehen, daß jedes Urteilen die Überschreitung eines Eindrucks auf seine Bestimmung als eines So-oder-so-Seienden ist. Welt als das Gesamt nicht der Sachen, sondern der Sach-

* Ihre Öffentlichkeit befreit sie für jedes mitspielende Individuum gerade nicht von ihrer nicht-physikalischen, d. h. hypothetischen Natur. Bedeutungen werden nicht durch Zeichen-Perzeption, sondern durch Deutungen (abduktive Schlüsse) eingelöst, die können aber nicht »nezessitiert« werden (Peirce).

verhalte (11) wird in Akten sinnkonstitutiver Prädikationen generiert, die auf der Ebene der Interpretation entspringen und erst hernach einer Population als grammatische Regularität verbindlich und intersubjektiv teilbar werden. Einmal in intersubjektiv geltenden Sprachspielen sedimentiert, erscheinen Regeln von Sprachspielen als Aprioritäten, ihr Gegenteil scheint unvorstellbar (358/9 n° 151). Dies Regel-Apriori ist aber so etwas wie ein transzendentaler Schein; »grammatische Sätze« täuschen durch ihre Form »Erfahrungssätze« vor, weil sie in der Tat in sprachlich schematisierter Erfahrung gründen, aber durch ihre Geläufigkeit zu historischen Aprioris der Weltansicht geworden sind. Wenn Philosophie zur Aufgabe hat, auf die Regeln des Sprachgebrauchs zu reflektieren, so wie er in konstituierten Sprachspielen gegeben ist, dann kann sie als nicht-empirisch (mithin als a priori) bezeichnet werden (Wittgenstein, *Vorlesungen 1930–1935*, hg. von Alice Desmond Lee und Alice Ambrose, Frankfurt/Main 1984, 147, 271: »Es ist das Wesen der Philosophie, von der Erfahrung unabhängig zu sein, und eben das ist gemeint, wenn man sagt, die Philosophie sei a priori»). Das Apriori, aus historischen Bedingungen lebensformgebundener Weltdeutung erwachsen, ist auf diese Ursprungssituation prinzipiell relativ und mithin seinerseits durch Veränderungen des Sprachgebrauchs (der Lebensform) ablösbar. So schleicht sich in die Regelhaftigkeit der Sprachspiele und des Kommunikationsprozesses »ein Moment prinzipieller Indeterminiertheit« ein.*

* Christian Stetter, l. c., 99. Vgl. dagegen die naivere Lektüre von Jürgen Habermas, der in Wittgensteins Regel-Begriff eine Bürgschaft für die starre Identität der kommunizierten Bedeutungen übernommen sieht (*VE* 65). Dagegen auch Albrecht Wellmer, *Zur Dialektik von Moderne und Postmoderne*, Frankfurt/Main 1985, 109 (»Durchlässigkeit« der Sprachspiele).

IV

1) Das Leitmotiv von *Le différend* ist die Nicht-Notwendigkeit des Übergangs von einem Satz zu einem anderen (»Il faut enchaîner, mais le mode d'enchaînement n'est jamais nécessaire« [*LD* 52]; »Enchaîner est nécessaire, un enchaînement ne l'est pas« [122]). Mit jedem Anschluß geschieht dem Satz ein »tort« – gemäß Definition. Er entspringt aus der »Inkommensurabilität im Sinne von Heterogenität der Satzverwendungsregeln und der Unmöglichkeit, sie einem gemeinsamen Gesetz zu unterwerfen« (l. c. 187). Dies gemeinsame Gesetz – existierte es – wäre so etwas wie eine letzte tragende Meta-Sprache. Aber die Sprache hat keine einige Finalität, und hätte sie eine, so könnten die Sprecher nichts von ihr wissen. »Tout est comme s'il n'y avait pas ›le langage‹« (229). Die irreduzible Mannigfaltigkeit der Satzverwendungsregeln und Diskursgattungen (228) wird auch nicht dadurch überwunden, daß immerhin die ersteren durch die Einbettung in die letzteren eine Einheit und Zweckausrichtung erfahren, die ihre Verkettung nunmehr rechtfertigt (»Un genre de discours inspire un mode d'enchaînement des phrases les unes avec les autres, ces phrases pouvant être de régime différent« [187]). Damit ist die Situation des *différend* und der agonalen Stellung der Sätze untereinander (»Nous croyons à l'agonistique« [47]) aber nicht überwunden. Denn die Wahl eines Genres entbehrt ihrerseits jeder Notwendigkeit – jedes andere wäre prinzipiell auch in Frage gekommen, und daß ich eines gewählt habe, impliziert den »tort« gegen alle anderen:

Les genres de discours déterminent des enjeux, ils soumettent des phrases de régime différent à une finalité unique: la question, l'exemple, l'argumentation, la narration, l'exclamation dans la rhétorique judiciaire sont des moyens hétérogènes de persuader. Il ne s'ensuit pas que les différends entre les phrases soient éliminés. A partir de chacune d'elle un autre genre de discours peut l'inscire dans une autre finalité. Les genres de discours ne font que repousser le différend du niveau des régimes à celui des fins (51/2).

(...) d'un genre à l'autre on ne connaît pas de (...) règles ni une fin générale (53).

Welches ist denn die logische Natur dieser Nicht-Notwendigkeit des Satzanschlusses? Wann ist eine Fortsetzung triftig (»pertinent«, vgl. 123)? Offenbar nie, wenn man mit Wittgenstein annimmt, daß eine Regel, die den richtigen Gebrauch einer Regel vorschreibt, nie zuhanden ist (sie bedürfte ihrerseits einer Regel und so ad infinitum). Dies ist ein der Hermeneutik seit je vertrautes Problem. Schleiermacher sprach gar, wie Lyotard, von einem »Dilemma«. »Dies gehöre [wesentlich] mit zur Anwendung der Regeln«, daß sie »selbst nicht wieder unter Regeln zu bringen sei, wie das der Fall ist bei allem was wir in dem höheren Sinne des Wortes Kunst nennen« (*HuK* 360). Unter »Kunst« versteht Schleiermacher hier eine kognitive Initiative, die - ähnlich der aristotelischen Phronesis oder der kantischen Urteilskraft – eine allgemeine Regel mit einer jeweils unvorhersehbar individuellen Situation versöhnt. Es ist eben eine Kunst, ohne Regel die ziemende Fortsetzung eines Diskurses zu finden; es ist sogar schon eine gewisse Kunst, einen Einzelfall als enthalten unter einer Regel zu durchschauen. Da die Regel ihre eigene Anwendung nicht impliziert, muß eine kreative Geistesaktivität ins Mittel treten, die den Bruch zwischen der Regel und ihrer Anwendung durch eine Verständnishypothese überbrückt:

Eine solche Konstruktion kann nicht durch Regeln gegeben werden, welche die Sicherheit ihrer Anwendung in sich trügen. (...) Das volle Geschäft der Hermeneutik ist als Kunstwerk zu betrachten, aber nicht, als ob die Ausführung in einem Kunstwerk endigte, sondern so, daß die Tätigkeit nur den *Charakter* der Kunst an sich trägt, weil mit den Regeln nicht auch die Anwendung gegeben ist, d.i. nicht mechanisiert werden kann (*HuK* 81).

Schleiermacher bedient sich der gleichen Metapher wie Wittgenstein, wenn er das »Symbol der idealen starren Maschine« beschwört, die alle ihre Operationen so im vorhinein präjudizierte wie eine Leibnizsche Monade alle ihre essentiellen Qualitäten. Alsdann wäre der Lebenslauf ein einziges großes analytisches Urteil. Da die Überregel fehlt, muß komprehensive Hypothesenbildung – Kants reflektierende Urteilskraft – als Brückenprinzip intervenieren.

Da es die Eine Sprache (»*un* langage« [LD 199]) nicht gibt (und, was Lyotard nicht zu sehen scheint, selbst wenn es sie gäbe, ihre Über-Regel wieder keinerlei Gewähr für die faktischen Übergänge zwischen Sätzen bieten würde), kann man sagen, ein Nichts trenne jeden Satz von seinem folgenden:

Ce différend procède de la question: Comment l'enchaîner? qui accompagne une phrase. Et cette question procède du néant qui »sépare« cette phrase de la »suivante« (200).

Dieses Nichts bringt die Verkettung um ihre Notwendigkeit (»Si la manière d'enchaîner était nécessaire (comblée), il n'y aurait pas plusieurs modes possibles, aucun vide ne laisserait de place à cette causalité qui s'exerce de loin, la ›causalité finale‹« [l. c.]). Wir erfahren hier unverhofft, an welchen Typ von Notwendigkeit Lyotard denkt: den der »kausalen« Verkettung. Ihn hatte eben Wittgenstein, wie wir uns erinnern, als völlig unangemessenes Erklärungsmodell für das Verständnis von Regel und Regelbefolgung abgewiesen. In der Befolgung einer Regel gibt es keine analytisch-deduktive Beziehung zwischen Antecedens und Consequens, Grund und Folge, auch keine kausale zwischen Ursache und Wirkung – diese Termini sind vielmehr alle fehl am Platz. Einer Regel folgen heißt zunächst: ein abduktives Urteil über die Natur der Regel formen. Wenn die Regel ihren Bestand überhaupt nur hat als Niederschlag einer (freilich intersubjektiv beständig zu erprobenden) Verständnishypothese (vgl. *HuK* 460), dann ist es absurd, ihr eine (kausale) Determination auf die einzelnen Ereignisse (wie Lyotard sie nennt) zuzumuten. Ob ein Satz dem vorangegangenen folgt und welcher es sein soll, das wird nicht durch die Regel (oder die Überregel) determiniert, sondern durch die Hypothese, die ich – in dieser singulären Redesituation – von der Natur, von der Konvenienz, von der Zweckmäßigkeit usw. des zu vollziehenden Anknüpfungsschrittes mir bilde.* Als ein unverständlich überbrücktes Nichts kann diese Verkettung nur sehen, wer (Rede-)Handlungen wie physische Abfolgen von »événements« – aus der Außenperspektive – betrachtet, ohne eine Vermutung auf den *Sinn* des Übergangs zu wagen. Wie wenn ein außermenschliches Wesen menschliche Handlungen betrachtete und sich ihre Konsequenz nicht zu erklären vermöchte. Vergessen wir nicht, daß Lyotard mit der Metapher vom Nichts, das sich zwischen zwei Zuständen einer Person (oder der von ihr geäußerten Rede) einnistet, auf Sartre anspielt, der in diesem Nichts, welches mich daran hindert, gerade die-

* Daß die (z. B. literarische) Interpretation eines Textes die verlorene Einheit der Satzverwendungsregeln und Diskursgenres wiederherstellen könne (»l'examen critique«, »l'analyse des genres de discours«), weist Lyotard mit der Behauptung ab: »Il n'est pas de genre dont l'hégémonie sur les autres soit juste« (*LD* 227).

sen Schritt dem vorangegangenen folgen zu lassen, das Monogramm der menschlichen Freiheit sah (*L'être et le néant*, Paris 1943, 58 ff.). Es ist aber analytisch klar, daß, wenn Freiheit das Gesetz erst kreiert, nachdem ein Zustand motivierend wird für den nachfolgenden, dieser Schritt unmöglich zugleich nach kausalen Erklärungsmodellen verständlich gemacht werden könnte. Entwürfe haben zwar auch ihre kausale Seite; die reine Rekonstruktion der Kausalabläufe instruiert mich indessen nie über die *Intention* des Handelnden. *Sie* muß ich zu verstehen suchen – ohne Unterstützung (das ist wahr, aber nicht eben neu) einer Regel, geschweige einer Metaregel (die, gäbe es sie, mir in nichts hilfreich wäre).

Ich habe das in der Schlußvorlesung von *Was ist Neostrukturalismus?* (541–572, vor allem 553 ff.) mit der Peirceschen Unterscheidung zwischen Motivation und Nezessitation plausibel zu machen versucht. Ich verstehe unter einem Motiv eine Ursache solcherart, daß sie nur im Lichte einer sie als Ursache erschließenden vorgängigen Interpretation meine Handlung bestimmen könnte. (In dem Sinne kann kein Zeichen anders denn als Motiv auf mein Verständnis wirken: da es – »an sich«, unabhängig von meiner Deutung – gar keinen Sinn hat, ist der von ihm auf mich ausgehende »Zwang« nicht der eines unbedingten Reflexes, sondern einer sozial vermittelten Motivation.) Nezessitiert (durch physische Ursachen ausgelöst) wäre dagegen ein Ereignis, das aufgrund gegebener empirischer Konstellationen unmöglich nicht eintreten könnte. Davon unterschieden ist mithin ein Übergang zwischen zwei Zuständen der Person oder zwischen zwei Sätzen (selbst verschiedener »régimes«) *motiviert*, wenn er an den vorangehenden sich nur anschließt, sofern er ihn im Lichte einer Interpretation *als* solchen gesetzt hat. Motiviert sind alle Konsequenzen, die nicht blind nezessitiert werden, sondern sich zu ihrem Anlaß (frei) verhalten. In diesem Sinne ist die Nichtidentität eines Zeichens über einen gewissen Zeitraum seines Gebrauchs hinweg (im Sinne seiner Transformation) motiviert – das gleiche gilt für die Zeichenverkettung in der Rede. Da der Sinn des zuvorbestehenden Zeichens oder Satzes selbst nur kraft eines hypothetischen Urteils bestand (an sich, in seiner baren Naturalität, hat er ja keine signifikanten Qualitäten), kann die Sinneinheit dieses Zeichens und kann die *Kontinuität* dieser Rede einen zweiten Gebrauch – bzw. eine Anknüpfung – semantisch und hinsichtlich des Diskursziels nicht determinieren. Wohl aber kann sie ihn motivieren, in dem Sinn, daß eine folgende semantische Hypothese über die Bedeutung des Zeichens *a* zum Zeitpunkt t^1 sich von demselben im Rahmen einer künftigen Deutung bestimmen läßt. Auch dann gibt es kein letztes Kriterium für die *objektive* Identität der Bedeutung des Ausdrucks *a* zum Zeitpunkt t^1 und derjenigen desselben Ausdrucks zum Zeitpunkt t^2; denn diese Identität, als auf Deutung, nicht auf Wahrnehmung beruhend, kann selbst nur konjektural bestehen und bedarf der Übernahme der zugrundeliegenden Interpretation durch andere Individuen der Kommunikationsgemeinschaft. Das Entsprechende gilt für die Verknüpfung der Sprechakte in der Rede und der Reden in der Einheit eines bewußten Lebens. Die Ziele, von denen ich die Verkettung determinieren lasse, entspringen aus meinen Entwürfen, und die können nur bei Einnahme einer radikal naturalistischen Position als Leerstellen oder Intermittenzen im Fluß der »enchaînements« erscheinen. Lyotard präsentiert aber – wenigstens in *Le différend* – keine radikal naturalistische Position, denn er hält die Realität ja für eine Funktion der über sie ergehenden Diskurse. Dann wäre es konsequent gewesen, der Natur sprachlicher Weltschematisierung und -deutung so weit nachzugehen, bis der Schein einer deutungsfreien Präsenz von Sprache (und mit ihm: der des Nichts zwischen zwei Sätzen heterogener Régimes) überhaupt zusammenbricht.

Statt dessen – nämlich trotz seiner Überzeugung vom völlig unmotivierten, rechtfertigungslosen Übergang zwischen Sätzen unterschiedlichen Typs und Reden unterschiedener Genres – verficht Lyotard aber, wie viele seiner Pariser Zeitgenossen, die fetischistische Vorstellung von der sich selbst sprechenden Sprache:* Sprechen widerfährt uns, wir vollbringen es nicht in Funktion deutbarer Intentionen. Selbstbewußt auf ihren Sinn (mittels Sprache) sich entwerfende Individualität trägt ihr Licht in keine seiner Reflexionen.** Lyotard nennt die Verstoßung des Subjekts aus der Philosophie die Desanthropologisierung der Sprache (oder auch ihre Desanthropozentrierung: *LD* 200, vor allem 110: »L'univers que présente une phrase n'est pas présenté à quelque chose ou à quelqu'un comme à un ›sujet‹. L'univers est là autant que la phrase est le cas. Un ›sujet‹ est situé dans un univers présenté par une phrase« etc.; 89: »›Nous‹ n'utilisons pas le langage«; vgl. auch 145 ff., wo die fabrikmäßige Vernichtung von Subjekten mit der Überwindung des Paradigmas von Subjektivität zynisch verwechselt wird: wären die Ermordeten keine Subjekte gewesen,

* »Ce n'est certes pas le moi qui appelle l'événement de la phrase intraduisible dans les idiomes connus. Mais n'est-ce pas la phrase qui de loin en appelle à l'être, à l'occurence? (...) la phrase appelle (...). (...) tu n'est rien que sa venue, destinataire ou destinateur ou référent ou même sens ou plusieurs de ces instances ensemble, dans l'univers présenté par la phrase qui arrive. Elle ne t'attendait pas. Tu viens quand elle arrive« (*LD* 171).

** Hier folge ich der treffenden Kritik, die Wolfgang Welsch in *Heterogenität, Widerstreit und Vernunft. Zu Jean-François Lyotards philosophischer Konzeption von Postmoderne*, 4. Abschnitt, in *Philosophische Rundschau* 34 (1987), Heft 1/2, unter dem Titel »Sprachobjektivismus« vorgetragen hat.

wie wollte man das Verbrechen als solches beim Namen nennen?). Wenn aber, wie er im Aphorismus 239 (S. 229) richtig sagt, *die* Sprache gar nicht existiert (weil es keine Über-Ordnung gibt, die die Unter-Regeln regiert), wie kann dann von ihr jener deterministische Druck ausgehen, dessen Intermittenzen doch gerade sichtbar werden in der Nichtnotwendigkeit des Übergangs, in jenem Nichts, das sich zwischen zwei Sprachereignissen auftut? Erinnern wir uns an Wittgensteins Gleichnis von der Regel als Mörtel zwischen zwei Ziegeln. Die Ziegel stehen hier für zwei Sprachereignisse, deren Folge durch die Regel verfugt würde (*WA* 3, 154/5) – aber eben diese Annahme ist der bare Mystizismus. Einerseits scheint Lyotard, der Wittgenstein reichlich zitiert, der Entmystifizierung des Regelbegriffs zu folgen. Andererseits hält er ihn für geschickt, uns den Mechanismus der Satzverkettung als ein Kausalereignis verständlich zu machen. Der Kurzschluß ist hier: entweder gibt es eine Über-Regel, die uns den Übergang verständlich macht (bzw. ihn rechtfertigt), oder – wenn nicht – dann nistet sich zwischen die Sätze das Nichts ein, welches jeden Übergang radikal kontingent macht.

Daß Lyotard Wittgensteins Entmystifizierung des Regelbegriffs nicht wirklich verstanden hat, dafür spricht vor allem, daß er überhaupt annimmt, es bedürfte einer Über-Regel, um das »enchaînement« von seiner Zufälligkeit zu befreien. Nach Wittgenstein bietet keine einzige Regel die Sicherheit ihrer Anwendung; nicht nur nicht die fiktive metaphysische Über-Regel, sondern auch kein »régime de phrases« und kein »genre de discours« verbürgt einen Automatismus seiner Anwendung. Das Problem ist nicht die einheitslose Disseminalität der Sprachspiele, sondern schleicht sich in die Anwendung der Regel eines jeden von ihnen ein. Zwar hat es Lyotard gefallen, seine Kritiker Jacques Bouveresse und Luc Ferry/Alain Renaut – weil sie die Disziplin rationaler Argumentation von ihm forderten (und bei ihm vermißten) – unter dem Titel *La police de la pensée* zu verhöhnen (*L'Autre Journal* n° 10, Décembre 1985, 27–33). Seine eigene Konzeption von Regel verdient aber mit größerem Recht, als polizeimäßig konzipiert bezeichnet zu werden. Derrida hat es mit Bezug auf Foucaults Rede von der Polizei des Diskurses (*L'ordre du discours*, Paris 1972, 37) gezeigt. Diese Rede ist gegenstandslos, wenn man gar nicht erst annimmt, Regelsysteme hätten eine kausal determinierende Macht. Die Polizei, sagt er in *Limited Inc* (l. c., 78), bleibt prinzipiell in den Kulissen, darum ist jede Konvention prekär und wesentlich verletzbar. »Tout est possible contre la police du langage (...), tout (...) sauf une typologie exhaustive qui prétendrait limiter les pouvoirs de la greffe ou de la fiction dans la logique analytique de la distinction, de l'opposition, de la classification« (l. c., 72). Die Ordnung der Sprachspiele ist also keine Fiktion, aber ihr ontologischer Status ist der einer rein hypothetischen Wirklichkeit, die über den Anschluß eines Satzes an einen anderen (selbst *innerhalb* einer Diskursgattung) keine Notwendigkeit verhängen kann, der Innovation und der Sinn-Neueinschreibung (*reassignment*, Marry B. Hesse) mithin ständig geöffnet bleibt.

In *La condition postmoderne* hat Lyotard argumentiert, der Dissens sei innovationsfreundlicher als der Konsens; die einheitslose Mannigfaltigkeit der Sprachspiele und die »Paralogie« der Codes biete der Sinnerweiterung bessere Chancen als der totalitäre Einheitsbegriff *des* (Sprach-)Systems. Nun besteht Innovation in der *Änderung der Regel* innerhalb eines Code und entspringt nicht naturwüchsig aus der Vervielfältigung der Codes.

Ich verändere eine allgemeine (sozial anerkannte) Regel durch eine individuelle Abweichung, die dann – einmal von anderen verstanden und anerkannt – wieder zur Regel werden kann. »Le premier qui utilise la nouvelle unité«, sagt Saussure, »crée l'analogie [resp. l'innovation] qui peut être adoptée ou non par la communauté« (*Cours de linguistique générale 1908–1909*, éd. par R. Godel, in: *Cahiers Ferdinand de Saussure* 15, 1957, 3–103, hier: 90). Durch Interaktion verschiedener Regeln kann die Innovation prinzipiell so wenig ausgelöst werden wie – gleichsam »von selbst« – innerhalb einer einzigen Regel; denn weder viele Regeln noch eine einzige können (sofern man nicht ein sprachfähiges Individuum mit Zukunftsoffenheit ins Spiel bringt) sich selbst autonom verändern. (Eine Regel enthält die sie bestimmenden Prozeduren; unter diesen kann sich aus analytischen Gründen keine befinden, die die Veränderung vorsieht, denn letztere antizipiert eine neue Regel.) Lyotards Option für die Innovation und die Sprachspielmannigfaltigkeit wird so konterkariert von einem besonders starren Regelbegriff, der selbst die Grundintention Wittgensteins verfehlt.

Und schließlich: Selbst wenn wir mit Wittgenstein zugeben, daß das Funktionieren der Sprachspiele nicht vom *big brother* einer Über-Ordnung gesteuert wird – würde es uns dann im Traum einfallen, die Einheit eines durch Sprache vermittelten Weltbildes oder eines auf Tradition beruhenden Sinnzusammenhangs zu leugnen? Wäre es nicht möglich, stilistische und lebensweltliche Eigentümlichkeiten der französischen Weise von Weltschematisierung kenntlich zu machen? Gäbe es nicht eine Familienähnlichkeit aller italienischen Dialekte und Äußerungsweisen? Oder – noch absurder gefragt –: sollte die Einheit der deutschen Grammatik daran zerbrechen, daß sie aus einer irreduziblen Diversität von Einzelregeln aufgebaut ist? Sollte die Disparatheit der Konjunktivregel (»bei verneintem oder, hier gleichgeltend: ein Übermaß nennendem Hauptsatz tritt in irrealen Aussagen im Gliedsatz ein negativ beeinflußter Konjunktiv auf«) und der Syntaxregel (wonach im einfachen ergänzungslosen Satz der Subjekt- vor dem Prädikatausdruck steht) die Bildung des Satzes »Dies Argument ist zu dumm, als daß es überzeugen könnte« mit einem »tort« belasten?* Rhetorische Fragen, auf die *Le différend* dennoch keine überzeugende Antwort parat hat.

2) Bei der allerersten Definition, die Lyotard vom *différend* gibt, wird dieser als Unvereinbarkeit (mangels Metaregel) zwischen gleichberechtigten *Argumentationen* eingeführt (*LD* 9). Die Formulierung läßt von Beginn auf eine Auseinandersetzung mit Habermasens Konsensustheorie der Wahrheit hoffen, die unter Diskursen ja nicht etwa beliebige Redetypen, sondern spezifisch Argumentationen versteht. Und nachdem man die wenig irenische Definition des *différend* vernommen hat, könnte man vermuten, Lyotard wolle unter anderem gewisse – für Habermas in der Tat charakteristische – Harmonisierungen beim Argumentationsspiel durch eine kräftig-polemische Gegenführung korrigieren, so wie er das in der Frage andeutet: »Et si l'enjeu de la pensée (?) était le différend plutôt que le consensus?« (*LD* 127; vgl. 90: »[L']hétérogénité [des régimes et/ou des genres] rend impossible un consensus, faute d'un idiome commun«.)

In der Tat darf man vermuten, daß die Wahl des Aus-

* Daß Differenz zwischen Sprachspielen keine Unverträglichkeit impliziert, hat Habermas in seiner Entgegnung auf Rortys Einwände (in: *Questions and Counterquestions*, in: *Praxis International*, Vol. 4, N° 3, 1984, 230) am Beispiel von »Lebensformen« gezeigt: »Forms of life are totalities which always emerge in plural. Their coexistence may cause friction, but this *difference* does not automatically result in their *incompatibility*.«

drucks »Argumentation« in Lyotards Definition (»faute d'une règle de jugement applicable aux deux argumentations«) keine einfache Fehlleistung ist, obwohl der Terminus (der auch sonst in *Le différend* in ähnlichen Kontexten wiederkehrt) im Sachregister (273) nicht aufgeführt ist. Dafür spricht vor allem die schon bemerkte Tatsache, daß Lyotards These von der Unentscheidbarkeit von Konflikten des Typs »différend« nur die eine Seite seines Beweisinteresses erschöpft; die andere scheint mir ein moralisches Engagement für die vom *différend* Betroffenen zu sein. Wie sonst könnte er das ihnen Widerfahrene als »tort«, mithin als Unrecht bezeichnen? Die Kategorie des Unrechts impliziert einen *Geltungsanspruch*. Das bleibt auch dann richtig, wenn Lyotard uns versichert, dieser Geltungsanspruch sei mangels einer Entscheidungsinstanz uneinlösbar. Alle Aussagen, die sein Buch in Behauptungs- und Argumentationsform zugunsten seiner Grundthese vorbringt, nehmen – in Gestalt eines kontra-faktischen Vorgriffs – deren Geltung in Anspruch. Es wäre unsinnig, sich vorzustellen, der Autor habe ein Buch über die Struktur und das Wesen unentscheidbarer Konflikte geschrieben in der Absicht, dem durch sie den Parteien zugefügten »tort« einen weiteren hinzuzufügen.* Im übrigen – und dies scheint mir eine unleugbare Einsicht Apels und Habermasens zu sein – impliziert jedes nicht auf Verführung

* Peter Dews (in seiner Einleitung zu *Habermas. Autonomy & Solidarity. Interviews with Jürgen Habermas*, Thetford, Norfolk, = New Left Books, 1986, 22) wirft Lyotard zu Recht vor, seine Argumente »depend on a chronic confusion between *language-games* and *validity-claims*«. »Thus, while admitting the plurality of language-games in contemporary culture, it is possible to argue that validity-claims (which are not themselves a specific kind of linguistic activity, but arise within different linguistic activities) *cut across* this multiplicity. In other words, there will be clashes of viewpoint concerning cognitive, moral and aesthetic questions, but we cannot claim that these conflicts are *in principle* unamenable to discussion, and to possible resolution« (23). Dews bezieht sich allerdings nirgendwo auf *Le différend*.

und Überredung, sondern auf Überzeugung ausgerichtete kommunikative Handeln bewußt oder unbewußt einen Anspruch auf Geltung. Lyotard sagt es selbst in seiner »Fiche de lecture«: »*Enjeu*: Convaincre le lecteur (y compris le premier, l'A. [l'Auteur])« (11). Sobald von einem »tort« die Rede ist, wird Geltung für das Urteil über die agonale Natur des Streits unterstellt. Die Leugnung dieser Geltung verwickelt den Opponenten in jenen performativen Widerspruch, dessen Struktur Karl-Otto Apel mit Eifer und Nachdruck bei vielen Gelegenheiten ins Licht gesetzt hat (vor allem in: *Transformation der Philosophie,* Frankfurt/Main 1973, Band 2, 405 ff.). Sie besteht darin, daß eine konstative Sprechhandlung auf nicht-kontingenten Voraussetzungen beruht, deren propositionaler Gehalt der behaupteten Aussage widerspricht, z. B.: »Ich existiere (hier und jetzt) nicht« oder »Alles, was ich da gerade behaupte, um den Leser zu überzeugen, ist unentscheidbar und fügt ihm einen Tort zu«. Lyotards *Différend* ist geradezu ein Paradebeispiel für einen solchen performativen Widerspruch. Indem er die Position der Konsensustheorie der Wahrheit und des Bestehens von Geltungsansprüchen für konstative Sprechhandlungen leugnet, kann die angegriffene Position ihm nachweisen, daß er, indem er sich auf diese Argumentation einläßt, »einige *in jedem* auf kritische Prüfung angelegten Argumentationsspiel unausweichliche Voraussetzungen machen muß, deren propositionaler Gehalt dem Grundsatz [wonach Geltungsansprüche unentscheidbar seien] widerspricht. Das ist tatsächlich der Fall, da der Opponent, indem er seinen Einwand vorträgt, unausweichlich die Gültigkeit mindestens derjenigen logischen Regeln voraussetzt, die nicht ersetzt werden können, wenn man das vorgetragene Argument als Widerlegung verstehen soll. Auch der Kritizist hat, wenn er an einer Argumentation teilnimmt, einen minimalen Bestand an nicht-verwerfbaren Regeln der Kritik schon als gültig akzeptiert« (Jürgen Habermas, *Moralbewußtsein und kommunikatives Handeln*, Frankfurt/Main 1983, 91); und diese Feststellung ist unvereinbar mit der Behauptung universell unentscheidbarer agonaler Gesprächssituationen.

Ist das der Fall, dann kann man nicht mehr mit dem Bescheid aufwarten, das Argumentationsspiel sei nur eines unter vielen und der *différend* ergebe sich z. B. durch Konflikte mit anderen Regeln folgenden Sprachspielen wie dem Übers-Ohr-Hauen des Gegners. Die Aussagen *über* den *différend* sind Behauptungen, die unmöglich *keine* Geltung beanspruchen können. Darum dreht sich Lyotards Behauptung – »Il n'est pas de genre dont l'hégémonie sur les autres soit juste. Le genre philosophique, qui a l'air d'un métalangage, n'est lui-même (un genre à la recherche de ses règles) que s'il sait qu'il n'y a pas de métalangage. Il reste ainsi populaire, humouristique« (*LD* 227) – im Zirkel, indem sie die in ihren Konstativa niedergelegten Geltungsansprüche nur um den Preis des Selbstwiderspruchs tilgen kann. Für diesen elementaren Widersinn ist allerdings das humoristische Genre nicht unangebracht.

Wir müssen weitergehen: Nachdem sich gezeigt hat, daß der Übergang zwischen Sätzen verschiedener Régimes oder Diskursgattungen überhaupt kein »tort« implizieren muß, sofern man Faktoren wie den einer Gesellschaft vertrauten Traditionszusammenhang und den des individuellen Sinnentwurfs ins Spiel gebracht hat, der eine Pluralität heterogener Sprechhandlungen in die Kontinuität eines motivierten Lebenszusammenhangs einbettet – dann kann die Rede von einem Streit überhaupt nur im Blick auf *argumentative* Kollisionen sinnvoll gemacht werden. Wir wollen Lyotard, dessen erste (nie zurückgenommene) Definition von der Natur des *différends* eben dessen argumentativen Charakter ausstellt, hier beim Wort nehmen. Wir dürfen das schon darum, weil sein Gebrauch von Ausdrücken wie »tort« oder »juste« oder »légitime« implizit an Geltungsansprüche gekoppelt ist, die konstitutiv in ihre Semantik eingehen. Wenn Wittgensteins Privatsprachenargument richtig ist, gilt es auch für Lyotards Diskurs. Das etwa wäre ihm aus einer Habermasschen Position auf einer noch elementaren Ebene zuallererst entgegenzuhalten.

Haben kommunikative Streitsituationen aber argumentativen Charakter, dann läßt sich weiteres Licht werfen auf die von Lyotard überall betonte Nicht-Notwendigkeit des Übergangs von einem Satz zum anderen. Zeigen läßt sich nämlich – und Habermas hat das im Anschluß an Stephen Toulmins *The Uses of Argument* (Cambridge 1958, [6]1983, vor allem 94–145) getan –, daß die Triftigkeit von Argumenten nicht die analytische Notwendigkeit logischer Operationen besitzt. Der berühmte »Zwang« des besseren Arguments übt eine rationale Motivation aus, der mein Gesprächspartner oder ich selbst nicht folgen *müssen* und die künftige Korrekturen nicht nur nicht ausschließt, sondern essentiell als Möglichkeit vorsieht. Rational argumentiert nicht, wer sein Publikum »zum Verständnis zwingen« will, sondern wer sich der Relativität aller Gründe bewußt ist, so, daß er mit der Möglichkeit von Informationen oder Überlegungen rechnet, die seine bisherige Überzeugung umstürzen können. Jeder argumentativ erzielte Konsens ist »à la merci de la réfutation prochaine« und schließt so gerade *nicht* den Dissens aus. Die harmonistische Rhetorik, mit der Habermas und Apel ihre Konsensustheorie vorzutragen pflegen, hat dazu beigetragen, diesen wesentlich agonalen Zug ihrer Theorie zu unterschätzen. Apel hat das in einem Interview selbst unterstrichen: »Der gewaltfreie Diskurs hat gerade das Ziel, im Interesse der begründeten Konsensbildung alle Dissense aufkommen zu lassen und niemals einzuschränken, also etwa durch nicht-argumentative Mittel zu verhindern. Wir wissen sehr gut, daß es solche Diskurse gibt, aber wir wissen, daß es auch andere Diskurse, zumindest der Tendenz nach, geben kann. Diese Diskurse, die nicht nur Ausdruck des Machtwillens bzw. des Aufeinanderprallens von Machtsystemen sind, sondern in denen tatsächlich die Meinungen und Bedürfnisse der Betroffenen vertreten werden können, sind das Anzustrebende in der heutigen Weltlage« (Florian Rötzer [Hg.], *Denken, das an der Zeit ist,* Frankfurt/Main 1987, 71/2). – Ich will zu zeigen versuchen, daß Lyotards berechtigtes Interesse an einer stärkeren Akzentuierung des *différend*, des Streitcharakters von Dialogspielen, in der Konsensustheorie Platz finden könnte und daß die irenische Einfärbung zum belanglosen Rahmenwerk derselben gehört.*

Argumentation ist ein Zug im Sprachspiel dessen, was Habermas – mit anderer Semantik als Foucault und Lyotard – »Diskurs« nennt. In Diskursen werden kognitive Äußerungen – sie mögen normative Richtigkeit oder deskriptive Wahrheit betreffen – begründet. Wahrheit und Richtigkeit implizieren Geltungsansprüche, die wir mit Aussagen verbinden, indem wir sie behaupten (*VE* 129). Aussagen beziehen sich nicht auf Dinge oder Ereignisse (die in Wahrnehmungsakten mit subjektiver Gewißheit

* Ein »substantialistisches« Mißverständnis der »formalen« Verfahren, die zur argumentativen Übereinkunft aufgeboten werden müssen, hat Axel Honneth Lyotard nachzuweisen gesucht *(Der Affekt gegen das Allgemeine. Zu Lyotards Konzept der Postmoderne,* in: *Merkur* 430 [1984], 893–902). Allerdings bildet wieder einmal nicht *Le différend* die Referenz, wie Lyotard sich das gewünscht hatte.

erfaßt werden), sondern auf Sachverhalte bzw. – wenn die Aussage zutrifft – auf Tatsachen. Darum können zur Widerlegung von Aussagen keine Informationen benützt werden, die auf Sinneswahrnehmungen oder andere subjektive Evidenzen gestützt sind. Ist Welt oder Wirklichkeit das Gesamt nicht der Dinge oder Sinnesdaten, sondern der Tatsachen, und ist eine Tatsache ihrerseits das, was sich im Lichte wahrer Aussagen erschließt, dann kann gegen Aussagen nur eine andere Aussage ins Feld geführt werden. Da Tatsachen allein im Kommunikationsbereich des »Diskurses« zur Sprache kommen und Diskurse Argumentationen zu ihren Bestandteilen haben, wird die Problematisierung bzw. Behauptung von Aussagen in Argumentationsform erbracht. Habermas teilt mit Lyotard die Überzeugung, daß nach dem Absterben der Metaphysik Geltungsansprüche nicht mehr in Entsprechung an ein Absolutum als fundamentum inconcussum gerechtfertigt werden können. Daraus zieht er aber nicht den Schluß der totalen Relativität und Arbitrarität allen Argumentierens, sondern den der Notwendigkeit, über die Geltung unserer Behauptungen durch Konsensbildung uns zu verständigen. Die vormals unter Berufung auf ein transmundanes Absolutum oder a priori gewisse Grundsätze gestützte Objektivität von Sätzen muß jetzt auf die Intersubjektivität von Weltdeutungen gegründet und so zugleich vor der Arbitrarität des Individualismus geschützt werden.* Die Konsensustheorie der Wahrheit zieht nur Konsequenzen aus dem Haltloswerden des radikal undialogischen (aus einem Absolutum oder einem Apriori begründeten) Universa-

* Lyotard versichert seinerseits, den beiden Versuchungen des Despotismus und des Individualismus widerstehen zu wollen (*LD* 228). Das impliziert – wie bei Habermas – einen Mittelweg zwischen dogmatischen Universalitätsbehauptungen und der Inthronisierung anarchischer (individueller) Arbitrarität.

lismus-Konzepts der Aufklärung. Denn diejenige Instanz – es ist die einzige –, die das Sich-Schließen der Ordnung des Allgemeinen – und also die Konstitution *des* Allgemeinen als eines Kollektiv-Singulars – verhindert, ist ja eben das Individuelle. Anders gesagt: wir müssen uns verständigen, nicht obwohl, sondern weil wir auf kein vorab schon bestehendes Allgemeines und Verbindliches zurückgreifen können,* d.h., weil wir miteinander nicht-identische Einzelne sind, deren Interpretationen der Welt in keiner prästabilierten Harmonie und in keinem archimedischen Ort außerhalb des Diskurses koinzidieren. Insofern Habermasens Konsensustheorie diese post-metaphysische Bedingung als ihre Ausgangssituation ausdrücklich anerkennt (ohne die alten Universalitätsansprüche der Vernunft unter veränderten Umständen einfach preiszugeben), ist er nicht minder postmodern als Lyotard.

Welches ist aber die Struktur eines Arguments? Ich erlaube mir einen Umweg über Kants Theorie des Vernunftschlusses in Abhebung von dem, was er den Verstandesschluß nennt. Dieser Umweg erscheint mir erhellend, denn in ihm taucht die Unterscheidung zwischen analytisch-deduktiver Notwendigkeit (bzw. Unmöglichkeit) von logischen Operationen und Triftigkeit (bzw. Unplausibilität) von Argumentationen bereits auf.

Die Unterscheidung zwischen Verstandes- und Ver-

* Lyotard hat freilich kein Vertrauen in das kommunikative »Wir«, das er in Auschwitz vernichtet glaubt (*LD* 146ff.). Wie kann man dies vermeinte Faktum aber bedauern ohne Parteinahme fürs Wir? Lyotard hat die zynische Tendenz, Tatsächliches im Redegestus des Seinsollenden vorzutragen; denn er hält – wie wir sahen – Subjektivität und Intersubjektivität nicht nur durch Auschwitz, sondern aus philosophischen Gründen für *passée*. Hier kooperiert die Evokation der Vernichtungslager auf schauerliche Weise mit der Grundhaltung der Theorie; diese wird zur alternativelosen Affirmation des Seienden – und das, obwohl nach Lyotard Realität doch selbst deutungs-, also sprachvermittelt ist.

nunftschluß findet sich im Kapitel *Vom logischen Gebrauch der Vernunft* in der *Kritik der reinen Vernunft* (*KrV* A 303 ff. B 359 ff.). Ersterer, erläutert Kant, ist unmittelbar und analytisch. Was heißt das? Ich erinnere daran, daß diese Unterscheidung auch im Zentrum von Stephen Toulmins *The Uses of Argument* steht (l. c., bes. 121 ff.); auf sie stützt sich Habermas vor allem, wenn er das Spezifikum sogenannter substantieller Argumente erörtert (*VE* 161 ff.). Analytisch und unmittelbar erfolgt ein Schluß, wenn die im Untersatz und selbst im Schluß erscheinenden Elemente allesamt schon im Obersatz (in der Prämisse) enthalten waren. Beispiel: »Alle Menschen sind sterblich. Einige Menschen sind sterblich. Einige Sterbliche sind Menschen« (*KrV* B 360), oder auch: »Nichts, was unsterblich ist, ist ein Mensch« (l. c., A 303/4). Die Analytizität ist hier ganz unproblematisch; es bedarf keiner rationalen Motivation, um von der Prämisse zu den Folgesätzen zu kommen; die Transformation des Ausgangssatzes läßt den Wahrheitswert konstant; was folgt, war schon enthalten, so daß der Schluß eine wirkliche Ent-wicklung des schon gegebenen Gehalts – also eine Analyse im Wortsinn – war.

Anders bei Vernunftschlüssen, die Toulmin substantiell und Kant mittelbar nennt. Vernunftschlüsse ergeben sich aus ihren Prämissen nicht in analytischer Konsequenz, sondern »nur vermittelst eines Zwischenurteils« (A 304 = B 360), das sich als Untersatz (oder zweite Prämisse) dem Obersatz anfügt, in dem es nicht unmittelbar/analytisch schon enthalten war. So liegen die Sätze »alle Gelehrten sind sterblich« oder »sterblich ist, wer von seiner Lieblingsschwester getrennt ist« keineswegs »in dem untergelegten Urteil«, also der Prämisse des Verstandesschlusses. Man kommt zu ihnen nicht in analytischer Konsequenz; darum nennt Toulmin (und ihm folgend

Habermas) sie substantiell, »weil sie informativ sind und nicht allein aufgrund analytischer Konsistenz (oder Inkonsistenz) gelten (oder nicht gelten)« (Habermas, *VE*, 162). Toulmin hat das »layout« – das Schema – eines Arguments – Kant würde sagen: eines Vernunftschlusses – wie folgt skizziert: Der Schluß – nehmen wir die Behauptung: »Harry ist britischer Staatsbürger« – wird auf einen Untersatz bezogen, der eine Ursache dafür angibt (in diesem Fall: »Harry ist auf den Bermudas geboren«). Um den Übergang von der Ursache zur Konklusion analytisch zwingend zu machen, muß eine Schlußregel eingeführt werden (Toulmin nennt sie den »warrant«). Hier würde sie lauten: »Ein auf den Bermudas geborener Mann ist normalerweise ein britischer Staatsbürger«. Nimmt man diese Schlußregel als Obersatz, folgt der Übergang vom Untersatz zum Schluß analytisch. Wir hätten es mit einem einfachen Verstandesschluß zu tun. Was macht ihn aber zu einem Vernunftschluß, zu einem substantiellen Argument, wie Toulmin sagt? Dies: daß die Prämisse (die ja eine Schlußregel formuliert) ihrerseits gar nicht plausibel ist und mithin eine Rechtfertigung, eine Abstützung (»backing«) durch Fakten verlangt (z. B. »aufgrund der und der Abmachung, dieser oder jener rechtskräftigen Vereinbarung, dieses oder jenes Gesetzes« usw.). Das Wesentliche ist, daß der Übergang vom »backing« zum »warrant« nicht deduktiv/analytisch ist; man kann ihn nicht logisch erzwingen; es gibt, wie Habermas sagt, lediglich eine rationale Motivation dafür, die Prämisse (W) für plausibel zu halten (l. c., 164). »Substantiell nennen wir nur die Argumente, die bei logischer Diskontinuität, d. h. trotz eines Typensprungs zwischen B und W, Plausibilität erzeugen« (l. c.). Von der Art sind die Vernunftschlüsse, mit denen wir in der *Kritik der Urteilskraft* zu tun haben – und übrigens alle spezifisch philosophischen Argumente, mit denen wir unsere Gesprächspartner rational zu motivieren suchen, keineswegs aber, wie es Fichtes in der Tat terroristische Formulierung nahelegt, »zum Verständnis zwingen« können.

Kant, wie gesagt, drückt diesen Sachverhalt so aus: Vernunftschlüsse kommen nicht analytisch zustande, sondern nur unter Aufnahme einer Zusatzinformation – eines »Zwischenurteils« – in den Syllogismus. Der Satz »alle Gelehrten sind sterblich« enthält ein Prädikat »ist ein Gelehrter«, das in dem Obersatz »Alle Menschen sind sterblich« (der eine Schlußregel formuliert: »wenn etwas Mensch ist, dann ist es sterblich«) gar nicht enthalten war. Ein Zwischenurteil muß also den Bezug von Mensch- und Gelehrter-Sein erst herstellen, wenn das Argument triftig werden soll.

Mithin besteht die Struktur eines Vernunftschlusses darin, die »Notwendigkeit eines Satzes durch die Subsumtion seiner Bedingung unter eine gegebene allgemeine Regel« zu erkennen, wie Kant das im § 56 seiner *Logik*-Vorlesung formuliert (Werkausgabe, hg. von W. Weischedel, Bd. VI, 551; vgl. den ganzen Kontext: 545 ff., = §§ 41 ff.). Somit gehören zum Vernunftschluß erstens eine allgemeine (Schluß-)Regel, ein »warrant« oder Obersatz, zweitens ein Satz, der eine Erkenntnis unter diese allgemeine Regel subsumiert (der Untersatz), endlich drittens ein Satz, der »das Prädikat der Regel von der subsumierten Erkenntnis bejahet oder verneinet – der Schlußsatz (conclusio)« (*Logik*, § 58, 552). Das Resultat der Operation ist die Einsicht in die Notwendigkeit oder Triftigkeit, mit welcher eine einzelne Erkenntnis unter einer allgemeinen Regel enthalten ist.

Und dies, daß alles [Einzelne] unter dem Allgemeinen stehe und in allgemeinen Regeln bestimmbar sei, ist eben das Prinzip der Rationalität oder der Notwendigkeit (principium rationalitatis s. necessitatis) (l. c., § 57, 551).

Somit sucht die Vernunft in ihrem logischen Gebrauch nach einer allgemeinen Bedingung für eine Behauptung (ausgedrückt in der Konklusion), und sie sucht sie – wie wir gehört haben – in einem verhältnismäßig allgemeineren Satz, von dem sie (die Konklusion) notwendig und triftig abgeleitet werden kann. Ein Beispiel:

> Katzenraubtiere haben ein Fell.
> Das Kätzchen ist ein Katzenraubtier:
> Es hat also ein Fell.

Der Übergang vom Ober- zum Untersatz ergibt sich nicht analytisch, er ist informativ (daß wir ihn leicht zugeben und trivial finden, bedeutet nicht, daß er selbstverständlich ist). In der Konklusion habe ich eine empirische Erkenntnis (deren Bedeutung von dem im Obersatz Ausgesagten verschieden und in ihr nicht analytisch enthalten war) unter das Prädikat (»hat ein Fell«) der Regel (des Obersatzes) subsumiert. »Endlich bestimme ich«, sagt Kant, »mein Erkenntnis [das Kätzchen gehört zur Klasse der Feliden] durch das Prädikat [hat ein Fell] der Regel [alle Feliden haben ein Fell] (conclusio), mithin a priori durch die Vernunft« (*KrV* A 304 = B 360/1).

Mit anderen Worten: Das Interesse der Vernunft besteht darin, durch Erkenntnis verbürgte Urteile (die mithin ein Erfahrungselement in sich aufnehmen) auf vergleichsweise allgemeinere Bedingungen zurückzuführen, von denen her sie als (analytische) Konsequenz verstanden werden können. Gelingt es uns, zwei oder mehrere Urteile (die sich auf ganz verschiedene Gegenstände richten können) auf eine schon zugestandene Regel zurückzuführen, so wird die Einigungsleistung dieser Regel noch verstärkt. Kant sagt:

Finde ich nun eine solche Bedingung und läßt sich das Objekt des Schlußsatzes unter der gegebenen Bedingung subsumieren, so ist dieser aus der Regel, die auch für andere Gegenstände der Erkenntnis gilt, gefolgert. Man sieht daraus: daß die Vernunft im Schließen die große Mannigfaltigkeit der Erkenntnis des Verstandes auf die kleinste Zahl der Prinzipien (allgemeiner Bedingungen) zu bringen und dadurch die höchste Einheit derselben zu bewirken suche (*KrV* A 304/5 = B 361).

Wohlgemerkt, wir dürfen darüber kein Mißverständnis aufkommen lassen: der Begriff katzenartiger Fleischfresser, als enthalten unter dem Prädikat »Tiere mit Fell«, ergibt noch keine Idee. Dennoch handelt sich's um ein Glied in der Kette eines Vernunftschlusses, der letztlich auf das tendiert, was Kant die Idee nennt. Der Schluß erfolgt von einem konkret gegebenen Objekt aus (wie es der Verstand mit Hilfe der auf Anschauungen angewandten Kategorien synthetisiert hat), und dies Objekt dient als Mittelglied in einer vollständigen Kette von Schlüssen, deren letzter uns zur Idee hinaufträgt. Sie wäre das höchste und unüberschreitbare Glied, insofern alle anderen Sätze aus ihr und sie selbst aus keinem übergeordneten mehr folgt (A 322 = B 378; A 326f. = B 382f.; vgl. auch den parallelen Wortlaut der von Benjamin Jäsche 1800 edierten Nachschrift einer Logik-Vorlesung Kants, = Bd. VI der Suhrkamp-Werkausgabe, hg. W. Weischedel, S. 563ff.).

Dabei ist zu beachten, daß eine Idee nicht nur keine empirische Abstützung, sondern auch keine Erkenntnis-Geltung hat. Sie ist nur regulativ; ihre Annahme entspringt einem unverzichtbaren, doch nicht objektiv befriedigbaren Bedürfnis des menschlichen Geistes, auch dort noch nach logischen Zusammenhängen und Einheitsprinzipien zu suchen, wo die Einheit des Verstandes nicht mehr hinlangt.

Damit ist zugestanden, daß – wenn wir die Operationen der Vernunft bei ihren Schlüssen mit Toulmin und Habermas substantielle Argumente nennen – Argumente einen prinzipiell hypothetischen Charakter haben. Ihre Geltung wird nicht objektiv dargetan (Erfahrung kann Argumente stützen [*VE* 132 ff., 162], aber nicht begründen), sie wird unterstellt – mit der Konsequenz, daß die einzig vernünftige Haltung gegenüber einem Argument nicht der Dogmatismus, sondern die Offenheit zum Anhören von Gegeninstanzen ist.

Kantische Vernunftschlüsse und Habermassche Argumente haben also gemein, weder in logischer Notwendigkeit (wie Verstandesschlüsse) noch in Erfahrungsevidenz zu gründen (*VE* 162). Eben darum, sagt Habermas, ist die Voraussetzung irrig,

> daß eine Argumentation aus einer Kette von Sätzen besteht. Nur in diesem Fall muß der Übergang von einem Satz zum anderen [Lyotards Kardinal-Problem] entweder durch logische (aussagen- oder modallogische) Verknüpfung oder durch einen (realistisch gedeuteten) Bezug zu Erfahrungsbasis gerechtfertigt werden. Diese Alternative stellt sich nicht, sobald wir sehen, daß eine Argumentation aus einer Kette nicht von Sätzen, sondern von Sprechakten besteht. Zwischen diesen pragmatischen Einheiten der Rede kann der Übergang weder ausschließlich logisch begründet werden (denn es handelt sich nicht um Aussagen, sondern um Äußerungen, d. h. um Behauptungen und Erklärungen, Gebote bzw. Bewertungen und Rechtfertigungen), noch kann er empirisch begründet werden (denn die pragmatischen Einheiten der Rede haben ihren jeweils spezifischen Bezug zur Wirklichkeit bereits interpretiert, während Sätze erst noch zur Realität in Beziehung gesetzt werden müssen) (l. c.).

Wir sehen: nicht nur hat Habermas wie Lyotard das Phänomen der Nicht-Notwendigkeit im Übergang zwischen Sätzen unterschiedlicher Verwendungstypen (also

Sprechakten) seiner Aufmerksamkeit gewürdigt; er hat – anders als Lyotard, der darin eine theoretische Aporie erblickt – in dieser Nicht-Notwendigkeit ein Spezifikum von Argumentation gesehen. Sie heißt »substantiell«, wenn ihre Anerkennung nicht allein durch Deduktion (oder methodisch in Anspruch genommene Erfahrung) »erzwungen« wird, sondern aus »rationaler Motivation« hervorgeht (*VE* 115). Wir sahen vorhin, daß Motivation – anders als Nezessitation – Freiheit voraussetzt. Argumente führen unsere Zustimmung auf prinzipiell andere Weise herbei als etwa ein Schlag unter die Kniescheibe den unbedingten Reflex des Ausschlags. Darum ist in der Einwilligung ins Argumentationsspiel des Diskurses immer schon – durch Vorgriff – eine Situation idealer Kommunikation antizipiert. Ihre Idealität besteht nicht – wie Lyotard meint – in einer jeden Widerspruch erstickenden Harmonie aller Gesprächspartner untereinander, sondern im prinzipiellen Recht, das ein jeder hat, diesen Konsensus allaugenblicklich in Frage zu stellen (l. c. 177, 123). Der Konsens selbst ist also eine Idealisierung, die die Realität des *différend*, des Streites, nicht nur nicht aufhebt, sondern entschieden zu ihrer Voraussetzung hat. Gegen die Realität des faktischen Konsensus ist Habermas mindestens so sensibel wie Lyotard (ein Konsensus kann sich faktisch bilden in einer formal-demokratischen Gesellschaft, die ihre eigene Abschaffung zugunsten einer Diktatur will – das kann aber nur geschehen in einem performativen Widerspruch, in welchem die normative Komponente der Äußerung in Opposition tritt zum propositionalen Gehalt des Gewollten). Die Konsensustheorie ist also nicht wirklich konfliktscheuer als Lyotards Plädoyer für den agonalen Diskurs; sie setzt nur den Akzent auf die Tatsache, daß jedes Miteinander-Sprechen (es beginne oder ende so agonal, wie Lyotard will) kontra-faktisch die Aussicht auf eine Verständigung in den Blick faßt. Denn – das hatte schon Schleiermachers dialogische Konsensustheorie betont – Streit kann sich nur bilden, wenn die Partner auf einen und denselben Gegenstand und unter derselben Intention sich beziehen; andernfalls gibt es Verschiedenheit der Urteile (der eine urteilt etwa »Diese Rose ist gelb«, der andere »sie duftet«), aber keine Kontradiktion (*HuK* 417ff.). Gewiß kann sein, daß Deutungsdifferenzen die Streit-Partner daran hindern, den Streitgegenstand und das Gesprächsziel mit denselben Prädikaten zu bestimmen (das ist der Regelfall nach Schleiermacher); diese Differenz kann aber als solche nur hervortreten, wo Einigkeit über das Ziel des Sich-verständigen-Wollens besteht. Schleiermacher nennt die Position desjenigen, der das Zusammenstimmen im Denken für zufällig und die Differenz wegen der Subjektivität aller Gewißheit für unüberwindlich hält, »skeptisch« (l. c., 417), die ihr entgegengesetzte »dogmatisch«. Zum Skeptiker, hinter dessen Ansicht wir leicht diejenige Lyotards identifizieren, bemerkt Schleiermacher:

Es ist nur ein Schein, wenn der Skeptiker sich damit begnügt, nachzuweisen, daß seine Gegner unter sich uneins sind und die Aussagen des einen Dogmatikers die des anderen aufheben. Denn eine solche Nachweisung ist keine Gesprächsführung, sondern nur die Entwicklung der einfachen Aussage, daß der Streit noch nicht beendigt ist. Will aber der Skeptiker seinem Gegner dieses gewiß machen, daß der Streit nicht könne beendigt werden, dann freilich muß er Gespräch führen und auch kunstmäßig; aber von dem Augenblick an wird er sich selbst untreu. Denn er will nun selbst eine Zusammenstimmung im Denken erwirken, welche nicht zufällig und vorübergehend sei, und er muß hierzu voraussetzen, daß es im Denken, sowohl im Akt für sich, als im Fortschreiten von dem einen zum andern, etwas von jener Verschiedenheit der Einzelwesen nicht

Affiziertes gebe, indem er sonst auch nicht einmal das eine Gespräch kunstmäßig, und so, daß es für alle gelten solle, führen könnte (l. c., 418)

– der klassische Fall eines performativen Widerspruchs.

Was aber macht denn den Streit überhaupt unausweichlich? Die Individualität der Interpretationen, die in Form divergierender Prädikationen von Gegenständen der Welt vorgenommen werden. Sätze sind ja »interpretierte Erfahrungen« (*VE* 166), sie geben Dinge als so oder so aufgefaßte wieder. Verständigung über Welt setzt mithin – nicht schon als Ziel, sondern als Ermöglichungsbedingung – ein teilbares und faktisch geteiltes Sprachsystem voraus, in das Traditionszusammenhänge und einhellige Welthaltungen (»Lebensformen«) eingegangen sein müssen. Sie verbürgen nicht, aber erklären gegebenenfalls, warum wir uns – trotz der irreduziblen Individualität unserer Standpunkte und der analytischen Unableitbarkeit von Weltansichten – auf eine gemeinsame Welt, und sei's strittig, überhaupt sprechend beziehen können. Diesen Gesichtspunkt vernachlässigt Lyotard völlig. Über den Einheiten der Diskursgattungen gibt es schließlich noch den einer Population gemeinsamen Traditionszusammenhang, das Gesamt der Üblichkeiten und Konventionen, die die Verknüpfung zwischen Sätzen unterschiedlicher Régimes und Genres sehr wohl motivierend steuern. Das Sprachsystem ähnelt im Bereich des Diskurses dem Induktionsprinzip der empirischen Naturwissenschaften, das als »Brückenprinzip«* zwischen der endlichen Anzahl einzelner Beobachtungen oder Basissätze und der Gesetzesaussage (Allsatz, Hypothese) ins Mittel treten muß. Auf analoge Weise tritt im Rah-

* Vgl. Toulmin, l. c. 98: »general, hypothetical statements, which can act as bridges, and authorise the sort of step to which our particular argument commits us«; Habermas, *VE* 167.

men des Diskurses das traditionsgespeiste Sprachsystem (und die ihm eingeschriebene mehr oder minder einhellige Weltansicht) ins Mittel, um dem Übergang zwischen Sätzen im Diskurs die nötige Motivation zu liefern. Einen »warrant« für einleuchtend halten, d. h., das »backing« überzeugend finden, heißt auch: sich zunächst der motivierenden Kraft eines Traditionszusammenhangs anvertrauen, an dem man erst im nachhinein kritische Beanstandungen vornehmen kann. Nun heißt, einem Sprachsystem motivierende Kraft abzugewinnen: an einem Interpretationszusammenhang teilnehmen. Auch so zeigt sich erneut, daß die Einheit des Diskurses nur hermeneutisch fundiert werden kann.

V

Ein »différend« könnte nie vollständig sein. Gäbe es nicht Verständigung und Einigkeit in einigen kommunikativen Akten, so wäre er – mangels Kontrast – gar nicht feststellbar: Es existierte alsdann nicht nur kein metadiskursives Kriterium zu seiner Beilegung, sondern absurderweise nicht einmal eines zu seiner Konstatierung. Gewiß kann Verständigung scheitern, und Streit kann ungeschlichtet fortbestehen. Diese Beobachtung macht aber nur Sinn, wenn Verständigung beabsichtigt war und der Ausgang des Diskurses die Intention unbefriedigt gelassen hat. Darum konnte Schleiermacher mit Recht postulieren, daß Streit den gemeinsamen Willen der Gesprächspartner zum Erwerb intersubjektiv unumstrittenen Wissens als praktische Hinsichtnahme zur »Voraussetzung« hat (*HuK* 419 o.): eine »Richtung aufs Wissen« ist ebenso unentbehrlich zum Ausbruch eines kommunikativen Streits wie der Ausgang von einem gemeinsamen Sprachsystem (l. c. 416/7, 420 ff., vor allem 426 ff.). Behauptet nämlich Subjekt X »Aa« und Subjekt Y »Bb«, so kann kein Widerspruch, sondern (da die Gegenstände verschiedene sind) bloß eine »Verschiedenheit« von Aussagen entstehen. Widerspruch könnte nur zwischen Aussagen des Typs »Ab und A-b« auftreten. Aber auch hier geht der Streit nicht um A, sondern darum, im Lichte welcher Eigenschaften ich den Gegenstand schematisieren soll. Freilich werden, wenn die Partner sich über keine einzige Eigenschaft hinsichtlich A verständigen können, Zweifel auftauchen, ob der entsprechende Seinssektor gegenüber allen anderen richtig ausdifferenziert war, wo die Grenzen seiner Identität verlaufen oder ob er überhaupt existiert, »und dies ist das Maximum des Streits« (l. c. 428/9). Dadurch, daß Einigkeit in der Richtung auf einen Zustand möglicher Verständigung im agonalen Dialogspiel und mithin die Absicht auf richtige Schematisierung von Welt bestehen muß, damit der Streit überhaupt ausbrechen kann, ist indes keineswegs verbürgt, daß ein außer-diskursives Kriterium zu seiner Schlichtung existiert. Ein solches Kriterium setzt voraus, daß der Dialog sich einer außerdialogischen Wahrheit nur anzumessen hätte; ein solcher archimedischer Ort fehlt indessen; Wirklichkeit ist, worauf im vernünftig geregelten Dialogspiel – in idealer Antizipation – alle Partner sich einigen können. Da dies, mangels extra-diskursiven Kriteriums, nie definitiv der Fall sein kann, verschieben sich die Grenzen der sprachlichen Weltschematisierung permanent nach Maßgabe der Interpretationen, die Subjekte in wechselnden Kontexten in Form prädikativer Stellungnahmen von ihrer Welt abgeben. Die Inkommensurabilität verschiedenartig auf ihre Welt sich entwerfender Subjekte zieht eine »unaustilgbare Differenz im Denken« zwischen ihnen nach sich (l. c. 422), die Lyotards »différend« an Radikalität und Unhintergehbarkeit in nichts nachsteht.

Auch Schleiermacher empfiehlt, in Anbetracht der Unnachweisbarkeit eines vom Ausgang ihrer Verständigung unabhängigen Wahrheitskriteriums, der Kunstlehre des Diskurses (die er »Dialektik« nennt [l. c. 412 ff.]), auf »jeden Anspruch auf Allgemeingültigkeit« der durch sie vermittelten Erkenntnisse oder Behauptungen zu verzichten (l. c. 422 und 424). Daraus folgt, daß der Blick auf »streitfreies Denken« nur Voraussetzung und Intention der »Dialektik«, nicht ihr faktisches »Geschäft« sein kann (»so könne streitfreies Denken in diesem Sinne zu entwickeln niemals das Geschäft der Dialektik sein« [l. c.

439]). In dieser Perspektive ist Schleiermacher nicht harmonistischer und weniger streitbar als Lyotard. Er bestreitet lediglich – aber dieser Einwand ist schlagend –, daß strittige Reden als solche bemerkt werden können, wenn nicht Intention auf Selbigkeit des Referenten und Wille zur Verständigung »vorausgesetzt« werden können. Fichte hat es im dritten Grundsatz seiner frühen *Wissenschaftslehre* so formuliert: »jedes Entgegengesetzte ist seinem Entgegengesetzten in einem Merkmale = X gleich; und: jedes Gleiche ist seinem Gleichen in einem Merkmale = X entgegengesetzt« (*Werke*, hg. I. H. Fichte, Berlin 1845/6, I, 111). So wie Identifikation, soll sie nichttrivial sein, eine Verschiedenheit wenigstens in einem Aspekt (z. B. Zeitabstand der Wahrnehmung des zu identifizierenden Gegenstandes) voraussetzt, so würde umgekehrt auch Widerspruch nicht festgestellt werden können, wenn die Entgegengesetzten in allen Merkmalen sich unterschieden. Also kann kein »différend« total sein. Da die Vollständigkeit und totale Unvermittelbarkeit des Streits aber die Definition des »différend« ausmachen, muß man weitergehen und sagen: ein »différend«, so wie ihn Lyotard bestimmt, ist logisch unmöglich.

Leider hat Lyotard wenig Mühe darauf verwendet, die verschiedenen Typen von Widerspruch, die bei einem »différend« intervenieren können, zu klassifizieren. Ansätze zu einer historischen Einordnung bieten fast allein die Exkurse zu den altgriechischen Sophisten, denen sich Lyotard, wegen der gemeinsamen Ablehnung eines totalitären Vernunftkonzepts und der Akzentuierung des agonal-voluntaristischen Charakters des Dialog-Spiels, besonders nahe fühlt. Die »Notice« zu Hegel (*LD* 135 ff.) beschränkt sich auf die wohlbekannte Struktur des spekulativen Satzes oder orientiert sich an den ersten Seiten der Seins-Logik, wobei die ontologische Ebene

(Sein, Nichts, Werden) und die semantische (Satzsubjekt, Prädikat, Bejahung, Verneinung) merkwürdig ineinandergeschoben werden. Eine Auseinandersetzung mit Hegels Differenzierung und In-Bezug-Setzung von »Unterschied« (»Verschiedenheit«, »Gegensatz«) und »Widerspruch« (aus der Reflexions-Logik) findet überraschenderweise nicht statt. Wohl aber glaubt Lyotard, eine spezifisch Hegelsche Diskurs-Regel für die grundlose Satzverknüpfung freilegen und der der Sophisten (Protagoras und Gorgias) gegenüberstellen zu können (*LD* 141). Da, soviel ich sehe, diese Engführung Lyotards einzigen Beitrag zu einer Aufhellung der *logischen* Struktur des Streits darstellt, will ich sie aus größerer Nähe betrachten. Meine Fragcperspektive wird sein, ob hier ein kriterienlos-unschlichtbarer »différend« auftritt oder ob sich Möglichkeiten abzeichnen, ihn in einen Schleiermacherschen Dialog oder in einen Habermasschen Diskurs zu überführen.

Lyotard sagt folgendes: Während Protagoras die »paradoxe Regel« verfechte »Si p, alors non-p« (und umgekehrt), verteidige Gorgias die Schlüssigkeit des Satzes »Si l'être, alors le non-être« (und umgekehrt). Hegel greife beide Sätze in einem »troisième terme« (oder wörtlich: in einen Schluß-*Satz* q) zusammen: »*Si p, alors non-p, alors q* et: *Si non-p, alors p, alors q*. A la différence du ›résultat‹ ordinaire, le *et* est inclus dans la règle, et les deux ›tours‹ sont exigés des deux côtés. Cette disposition élimine le dilemme« (*LD* 141).

Régimes de phrases et genres de discours désirent alors être considérés comme des résultats transitoires du développement du *Selbst*. Le »métalangage« est le moment réflexif. On ne sort pas du spéculatif (l. c. 142).

Das klingt dunkel, und ist es auch. Indessen lohnt – wenn wir uns einmal die Mühe machen – ein Blick auf das sogenannte Paradox des Protagoras, so wie Lyotard es uns vorführt, und sei's um der Heiterkeit willen, die es erregt. Dies Paradox, das schon Russells und Whiteheads Intelligenz reizte, hatte Lyotard durch die Formel »si p, alors non-p« wiedergegeben (*LD* 19). Es ist, erläutert er, die klassische Struktur des double-bind, weil es absichtlich schwankt zwischen dem ausschließenden und dem nichtausschließenden Sinn des »oder«: p oder nicht-p. Lyotard sagt:

Les anciens nomment cet argument un dilemme.* Il contient la cheville du *double-bind* étudié par l'école de Palo Alto, il est un ressort de la logique dialectique hégélienne (Notice Hegel, § 2). Cette cheville consiste dans l'application de deux opérateurs logiques, l'exclusion: *ou…, ou,* et l'implication: *si…, alors,* à deux propositions contradictoires *p* et *non-p*. Soit à la fois: [*(ou p ou non-p)* et *(si p, alors non-p)*]. Comme si vous disiez à la fois: *ou c'est blanc, ou ce n'est pas blanc;* et: *si c'est blanc, ce n'est pas blanc* (l. c.).

Nun die Illustration (aus H. Diels/W. Kranz, *Die Fragmente der Vorsokratiker,* Berlin 1952, Protagoras 80 A1, A4): Protagoras hat mit seinem Schüler Euathlos einen Vertrag abgeschlossen, wonach derselbe, gewinnt er auch nur eine einzige Streitsache, seinen Lehrer dafür bezahlen muß. Nun gewinnt er keine und hat damit, so Protagoras, soeben eine gewonnen. Er hat nämlich seinem Lehrer gegenüber recht behalten und muß ihm mithin das Lehrgeld entrichten.

Dies Paradox besteht in der Selbstanwendung einer Regel, z. B.: »Der Begriff ›imprädikabel‹ ist prädikabel«. Zu seiner Überwindung hat Russell seine Typentheorie eingeführt *(Mathematical Logic as based on the theory of types,* in: *American Journal of Mathematics,* tome 30

* Ich bemerke im Vorbeigehen, daß Lyotard erneut auf der Ebene des *Arguments* sich situiert.

[1908], 222–262; ders. und Alfred Whitehead, »Die Theorie der logischen Typen«, = Kap. II der Einleitung zu *Principia Mathematica,* Frankfurt/Main 1968, 55–94). Sie besagt, daß jede Eigenschaft einer höheren Stufe angehört als die Dinge, die unter sie fallen. Wendungen wie »Die Klasse aller Klassen, die sich selbst nicht enthalten«,* dürfen demnach gar nicht gebildet werden. Russell und Whitehead sprechen vom »Zirkelfehlerprinzip«, das in der Annahme besteht, »eine Menge von Gegenständen könne Elemente enthalten, die nur vermittels der Menge als ganzer definiert werden können« (l. c. 55 f.). Der Satz etwa vom ausgeschlossenen Dritten in der Formulierung »Alle Propositionen sind wahr oder falsch« scheint seine eigene Wahrheit oder Falschheit zu implizieren. Behauptungen über *alle* Propositionen sind aber sinnlos; der Referent einer Behauptung muß prinzipiell beschränkt sein, bevor er zu einer legitimen Gesamtheit wird, »und jede Einschränkung, die es [nämlich das Satzsubjekt »alle Propositionen«] legitimiert, muß eine Behauptung über die Gesamtheit aufstellen und fällt damit aus der Gesamtheit heraus« (l. c. 56). So brechen die bekannten logischen Widersprüche, die alle auf Selbstinklusion von All-Sätzen beruhen, zusammen; etwa des Kreters Epimenides Behauptung »Alle Kreter lügen« (oder gar die Proposition »Ich lüge«); ferner das Paradox aller Klassen, die nicht Elemente von sich selbst sind, oder dasjenige der Relation T, die zwischen zwei Relationen S und R immer dann besteht, wenn R *nicht* die Relation R zu S hat, oder Burali-Fortis Widerspruch von der Reihe aller Ordinalzahlen (Ω), die sich selbst

* Ein anderes Beispiel: $x \in K \longleftrightarrow -(x \in K)$. Wenn wir für den Wert x den Wert K einsetzen, so ergibt sich: $K \in K \longleftrightarrow -(K \in K)$. Diese Aussage behauptet, daß eine Aussage ihrem logischen Gegenteil gleich sei. Oder: »Was ich jetzt sage, ist falsch.« Ist die Aussage wahr, so ist sie falsch, und umgekehrt. Der Widerspruch erscheint in der Selbstanwendung unvermeidlich.

durch 1 (Ω + 1) übertrifft, so daß Ω nicht die Ordinalzahl aller Ordinalzahlen ist, und viele andere mehr (l. c. 86ff.).

Ein logischer Typus ist also eine Klasse, die unter ihren Teilklassen nicht mitverrechnet werden darf oder – in anderen Worten: Die Objekte jedes Typus (außer dem umgreifendsten) sind die Klassen von Objekten des vorangehenden Typus. Die Typen- oder Stufenlogik unterscheidet genau – auch hinsichtlich der verwendeten Symbole – zwischen Individuen, Prädikaten von Individuen, Prädikaten von Prädikaten usw. Syntaktisch gesehen, sind damit Zeichenreihen der Form (x)y, F(G), F(F) unzulässig, d. h. keine Ausdrücke der Typen- oder Stufenlogik.

Lyotard gibt Russells und Whiteheads Theorie wieder in der Formulierung: »La phrase dont le référent est *toutes les phrases* ne doit pas faire partie de son référent« (*LD* 20). Eine Begründung des Verbots fehlt. Lyotard erklärt die Typentheorie kurzerhand für *eine*, d. h. nicht die alleingültige *Redegattung* der Logik. Redegattungen sind prinzipiell arbiträr und plural. Neben ihnen müssen andere zulässig sein, die die von ihnen geregelten Sätze anders verknüpfen, z. B. »seriell«, unter Beachtung des Zeitindexes (»zuvor« und »danach«) (l. c. 21. 3.). In der Zeitreihe – sagt Lyotard – artikuliert sich Euathlos' Behauptung nicht mehr wie folgt: »Keines meiner Plädoyers vor Gericht ist siegreich« (Ausschluß der Zeit), sondern so: »Keines *war's* bisher« (Zeitform des Aorist, ἐνίκησα). Oder: *»Pour tout temps antérieur à maintenant, il est vrai en ce temps que non-p«* (l. c.). Alsdann kann man Protagoras nicht mehr verbieten zu sagen: »Gut, bisher warst du erfolglos. Aber einmal – und das geschieht gerade jetzt – wirst du Erfolg gehabt haben, und in diesem Augenblick trifft *p* zu.«

Diese zeitliche Betrachtungsweise hält Lyotard für eine zur Russellschen alternative Redegattung, »exprimée dans une logique du temps ([Jean-Louis] Gardies)«* (l. c.). Wenn die Typentheorie die Rede ans zeitlos Logische bindet, macht die Sophistik sie zu einer »physischen« Realität: als Ereignis in der Weltzeit.

Le genre de discours qui doit l'accepter n'est pas la logique, mais la »physique«, dont le référent n'est pas la phrase, mais tout objet en mouvement (y compris les phrases). La relativité généralisée lui accordera droit de cité en physique de l'univers.
Les phrases forment un univers physique si elles sont prises comme des objets en mouvement qui forment une série infinie (*LD* 21/2).

Alsdann fallen die Geltungsansprüche, die mit Sätzen über die historisch-relative Welt erhoben werden, selbst mit unter die Bedingungen dieser Geschichtlichkeit-Relativität; Wahrheit und Richtigkeit erhalten einen Zeitindex (l. c. 22): »L'histoire du monde ne peut pas porter de jugement dernier« (l. c., vgl. 54 n° 45).

Lyotard kommt auf das Problem zurück in seiner »Notice ARISTOTE« (l. c. 111–116). Dort diskutiert er jene zwei »Operatoren«, die nach Aristoteles beim Argumentieren intervenieren, τὸ ἅμα und τὸ πρότερον, das Vor und Nach, die Zeitfolge, ist doch die Zeit »die Zahl der Bewegung nach ihrem Vor und Nach« (*Physik* 219b 1–2). Der *Satz vom Widerspruch* schließt konträre Prädikate in bezug auf ein und dasselbe Subjekt ja nur aus, wenn sie ihm *zugleich* beigelegt werden. Der jetzt sitzende Sokrates kann sehr wohl zu einer anderen Zeit aufrecht stehen. Gibt man die Zeitstelle *nicht* an, so entstehen Paralogismen von der Art: »Derselbe sitzt und steht, denn um zu stehen, muß er sich erheben, und er-

* Autor eines Buchs *La logique du temps*, Paris 1975.

heben kann sich nur, wer sitzt« (zit. *LD* 111). Allerdings räumt Aristoteles ein, daß das Jetzt, welches Vor und Nach scheidet, eigentlich ein ausdehnungsloser Ort ist, den wir – sprechend – nur zu früh oder zu spät benennen können; außerdem ist die Selbigkeit des in der Zeit sich Erstreckenden nie ausgemacht. Es ist, sagt Aristoteles, »einerseits nicht und andererseits doch dasselbe« (*Physik* 219 b 12 – vgl. Hegels Definition der Zeit als des »Seins, das, indem es *ist, nicht* ist, und indem es *nicht* ist, *ist«* [*Enzyklopädie* § 258]). Das gilt auch für die physische Seite jeder Rede, nicht aber für das von ihr – als λόγος ἀποφαντικός – thematisierte jetzt Seiende (zit. *LD* 114), das damit als propositionaler Gehalt aus dem Zeitfluß herausgehoben ist:

[Ainsi,] Aristote déconnecte les opérateurs diachroniques, jouant dans les univers de phrase et l'occurence de la phrase (ou l'occurence-phrase). La présentation »actuelle« est imprésentable, l'événement s'oublie comme tel en tant qu'il se conserve (l'après), s'anticipe (l'avant), ou se »maintient« (le maintenant) (l. c.).

Diese »Entflechtung« will Lyotard zurücknehmen zugunsten einer Indifferenz (wenn ich recht sehe) von physisch-zeitlichem Vorkommnis (Sprache als Schall-Fluß) und Rede-Inhalt (Bedeutung und Referenz). So würde Rede als »Ereignis« (à la Heidegger) genommen, aber ohne sie einem privilegierten »Dasein« (einem Menschensubjekt) als Adressaten zuzueignen (l. c. 115).

Ich verstehe nicht, was man sich unter dieser adressatenlosen, hinsichtlich ihres Sinns neutralisierten und doch angeblich nicht bloß physischen »chaîne phonatoire« vorstellen soll, möchte aber einen Augenblick verweilen bei der Frage, ob die Gleichzeitigkeit/Ungleichzeitigkeit eine essentielle Qualität ins Widerspruchsprinzip einbringt oder nicht. In einigen Formulierungen des Grundsatzes des Aristoteles fehlt der Zeitindikator (ἅμα) in der Tat nicht, etwa in der folgenden, von Schelling ausführlich kommentierten *(Metaphysik* IV, 6 extr.): »'Επεὶ δ'ἀδύνατον, τὴν ἀντίφασιν ἀλήθευέσθαι ἅμα κατὰ τοῦ αὐτοῦ« (Da es unmöglich ist, daß Widersprechendes zugleich von demselben mit Wahrheit gesagt werde). An dieser Stelle folgert Aristoteles daraus aber noch mehr:

[Da dies so ist,] ist offenbar, daß auch Entgegengesetztes (ταναντία) nicht zugleich eines und dasselbe sein kann. Denn das eine der Entgegengesetzten ist Beraubung (τῶν μὲν γὰρ ἐναντίων θάτερον στέρησίς ἐστιν), Beraubung aber nicht weniger Verneinung (ἀπόφασις), nämlich einer bestimmten Art (des *Seins* z. B., nicht des Seins überhaupt). Wenn es also etwas Unmögliches ist, mit Wahrheit zugleich zu bejahen und zu verneinen (ἅμα καταφάναι καὶ ἀποφάναι ἀληθῶς), so wird auch unmöglich sein, daß Entgegengesetzte zugleich eines und dasselbe seien, man beschränke denn jedes auf ein besonderes Wo, oder sage das eine vom bestimmten Teil (*schwarz* z. B. vom Auge), das andere *(weiß)* schlechthin vom Ganzen (zit. Schelling *SW* II/1, 305/6).

Schelling findet an diesem Zitat »merkwürdig, wie hier dem ›nicht zugleich‹ das ›nicht an derselben Stelle‹ substituiert ist, und leicht mag Aristoteles sinnliche Beispiele, wie die von uns (ähnliche hat Alexander [der Kommentator des Aristoteles]) beigefügten im Sinne gehabt haben« (l. c. 306). »An derselben Stelle« ist nicht notwendig räumlich zu verstehen, es kann meinen: eines könne nicht mit gleicher Geltung fürs andere stehen (wie in der Substitutionsregel *salva veritate* oder im Leibnizschen Ununterscheidbarkeitsgrundsatz). Nun macht dies Räsonnement nur Sinn, wenn der hier waltende Typ von Gegensatz nicht der »formelle Widerspruch« ist: nicht die kontradiktorische, sondern die konträre Entgegensetzung (l. c. 308/9). In der traditionellen Logik nennt man zwei Begriffe konträr, wenn zwischen ihnen im Rahmen eines höheren Begriffes der größtdenkbare Unterschied besteht. Konträre Begriffe sind etwa – in bezug auf Spinozas höchstes Wesen – »reell« und »ideell« oder – in bezug auf moralische Qualität – »gut« und »böse«. Konträre Begriffe werden also so gebildet, daß eine Klasse von Dingen derart in Unterklassen aufgespalten wird, daß die Teilklassen nach einem bestimmten Ordnungsprinzip in einer Reihe angeordnet sind. Dann nennen wir die an den beiden Enden stehenden Grenzbegriffe einander *konträr* entgegengesetzt. Da dieses jeweilige Ordnungsprinzip intensional (auf Wortbedeutung beruhend) ist, fällt der konträre Gegensatz gar nicht in die formale Logik. – Nun gleitet unser Aristoteles-Zitat unversehens aus der Beschreibung des kontradiktorischen in die des konträren Gegensatzes: auch Entgegengesetzte (ταναντία) – nicht nur Widersprechende (τὴν ἀντίφασιν) – können, sagt er, nicht zugleich von demselben mit Wahrheit gesagt werden, und verweilt dann bei der Erörterung nur des konträren Gegensatzes. Entgegengesetzte sind mit einer Verneinung, einer Beraubung (ἀντίφασις, στέρησις) gesetzt – sie müssen, um miteinander bestehen zu können, einander einen Teil ihrer Realität abtreten.* Darum unterscheidet Aristoteles die unbedingte oder absolute Verneinung (ἡ ἀπόφασις ἡ ἁπλῶς λεγομένη), die besagt: ὅτι οὐχ ὑπάρχει ἐκείνῳ, von der bedingten oder relativen: ὅτι οὐχ ὑπάρχει (ἐκεῖνο) τινὶ γένει *(Metaphysik* IV, 2, 63, 8 ff.). Mit der ersten ist die bloße Möglichkeit eines Prädikats einem

* Mithin ist, beiläufig bemerkt, der berühmte dritte Grundsatz der *Wissenschaftslehre* von 1794 kein solcher des Widerspruchs, sondern nur der Entgegensetzung: Ich und Nicht-Ich sind einander konträr entgegengesetzt, fallen mithin als äußerste Endglieder einer Unterklasse unter den übergeordneten Begriff des absoluten Ichs und müssen miteinander – sich »quantifizierend« – in die Realität sich teilen (Fichtes *Werke*, l. c., I, 110–112).

Subjekt abgesprochen (z. B. ist »weiß« kein denkbares Prädikat von »Stimme«, und zwar zu keiner Zeit), mit der zweiten ist nur die Wirklichkeit, nicht aber die Möglichkeit eines Prädikats verneint: ein böser Mensch, der seiner Natur nach gut sein könnte, *ist* nur nicht gut, μὴ ἀγαθός, könnte aber gut sein und wird durch die Verneinung nur zu einer besonderen *Art* (γένος) des auch gut sein könnenden. Dies μὴ verneint also nur auf gewisse Weise, es beraubt nicht schlechterdings oder ganz und gar (ὅλως) *(Metaphysik* X, 4, 201. tot.). Die absolute Verneinungspartikel ist im Griechischen das οὐ, das schlechterdings und in jeder Hinsicht Verneinte mithin das οὐκ ὄν (vgl. *SW* II/1, 288 f., 303–308): das überhaupt nicht sein Könnende. Zur Formulierung des Widerspruchsprinzips gebraucht Aristoteles nun charakteristischerweise die Wendung ἅμα εἶναι καὶ μὴ εἶναι, nie sagt er ἅμα εἶναι καὶ οὐκ εἶναι, »wie er müßte, wenn der Grundsatz ihm bloß die formelle Bedeutung hätte, von der die Neueren allein wissen« (l. c. 308 o.). Formeller (kontradiktorischer) Gegensatz findet nach Aristoteles in zwei Fällen statt (*(Περὶ ἑρμηνείας* 6 und 7): Erstens, wenn ein allgemein bejahender einem partikular verneinenden Satz entgegensteht (z. B. »Von Natur sind alle Menschen weiß«, »Von Natur sind einige Menschen nicht weiß«) – wären nämlich beide Sätze universell bejahend oder verneinend, wäre der Gegensatz bloß konträr, *beide* könnten falsch sein, nicht kontradiktorisch, so, daß der eine notwendig falsch, der andere also notwendig wahr ist. Von eben solchen Sätzen auszusagen, daß sie »nicht zugleich« wahr sein können, ist sinnlos, denn wie könnten Widersprechende zu verschiedenen Zeiten beide wahr sein? Der andere Fall eines analytisch evidenten Widerspruchs ist derjenige, wo – ohne Rücksicht auf den Quantifikator – einfach Bejahung und Verneinung einander entgegenstehen (»z.B. die Sonne bewegt sich um die Erde« und »Die Sonne bewegt sich *nicht* um die Erde«) – auch hier ist es unmöglich zu sagen, weil undenkbar, sie bewege sich und bewege sich nicht, nur nicht in derselben Zeit.

Einer ganz anderen Situation begegnen wir in dem Satz »Peter schreibt, Peter schreibt nicht«. Meint »schreibt nicht« dasselbe wie das Dispositionsprädikat »ist Analphabet«, dann haben wir natürlich den formellen analytischen Widerspruch, und es ist wieder überflüssig zu betonen, daß beides *nicht zugleich* auf Peter zutreffen könne. »Peter schreibt nicht« kann aber von einer Person gesagt sein, die schreiben *kann* und es nur gerade nicht tut, und

hier ist es nicht unmöglich, d.h. es ist kein Widerspruch, zu sagen, daß derselbe auch schreibt, nur in einer anderen Zeit. Also gerade nur wo bloße Entgegensetzung, ist das Aristotelische »nicht zugleich« an seiner Stelle, und Kant, der den Grundsatz nur als formellen kennt, hat ganz Recht, wenn er die Einschränkung verwirft, Unrecht jedoch, wenn er meint, wo sie vermeidlich, sey bloße Ungenauigkeit des Ausdrucks daran schuld (l.c. 309 u.).

Ein Behältnis, das leer ist, kann sehr wohl voll sein – nämlich zu einer anderen Zeit; ein *nicht* Gelehrter (z.B. ein Kind) kann sehr wohl, nämlich zu einer andern Zeit (als Erwachsener), gelehrt sein, ebenso der Böse gut usw. Kant, der meinte, der apodiktisch gewisse Widerspruchssatz werde durch den Zusatz des »nicht zugleich« unstatthaft, nämlich durch die Zeit affiziert, hält Schelling entgegen, daß im reinen Denken sehr wohl ein »Vor und Nach» stattfindet (l.c. 311; vgl. 182, 234/5). Er spricht auch von einer, wiewohl nur »noetischen Folge«, in welcher reine Denkbestimmungen (als bloße Potenzen, als der Wirklichkeit harrende) in eine Abfolge gebracht sind, die ihrer Simultaneität keinen Abbruch tut.

[Aber] dieses »zugleich« hebt nicht auf, daß das eine Moment noetisch eher sey als das andere. Der Natur nach (d. h. eben in Gedanken) ist darum das Erste doch das Erste, das Dritte das Dritte; was Subjekt und Objekt in Einem ist, kann nicht mit Einem Moment, es kann nur mit verschiedenen Momenten, und da unsere Gedanken derselben successiv sind, auch nicht mit einer und derselben Zeit (κατὰ τὸν αὐτὸν χρόνον [*Metaphysik* XI, 5]) gesetzt werden, wenn nämlich, was hier bloß noetisch gemeint ist, zum realen Prozeß wird (l. c., $312_{,1}$).

Nun findet sich in Lyotards Räsonnements zu dem, was Schelling die »noetische Folge« nennt, keinerlei Reflexion. Ebensowenig wird unterschieden zwischen formellem Widerspruch und bloßer (materialer) Entgegensetzung. Nur von letzterer ist sinnvoll zu sagen, sie könne durch Einführung eines Vor und Nach um ihren kontradiktorischen Charakter gebracht werden – und das ist beim Beispiel des Euathlos der Fall, nicht aber bei Sätzen wie »Ich existiere nicht«. Dieser Typ von Selbstwiderspruch hebt sich selbst auf – d. h., er kann sinnvoll gar nicht auftreten. Von dem anderen aber, der durch Einführung der Zeit zu beheben ist, muß gesagt werden, daß er eben darum niemals Anlaß zu einem »différend« bieten könnte, so wie Lyotard ihn versteht.

Kurz: der logische Widerspruch der Selbstinklusion der All-Sätze wird durch die Typentheorie, die materiale Entgegensetzung konträrer Prädikate durch Schellings Überlegung im Anschluß an Aristoteles aufgelöst. Soviel ich sehe, erkennt Lyotard die Typentheorie an (vgl. *LD* 20); sie bietet aber einen Ausweg aus der vermeintlichen Aporie des sophistischen Dilemmas, von dem sich herausstellt, daß es kein Beispiel für einen »différend« abgibt. Dagegen verfolgen Lyotards eigene Überlegungen zur widerspruchlösenden Kraft der Zeit geradezu die Absicht, den Schein eines »différend« zu zerstreuen. So kann ich nicht sehen, inwiefern den »Notices« zu Protagoras, Gorgias, Aristoteles und Hegel überhaupt die Rolle von Illustrationen der Struktur des »différend« zugedacht werden soll, da der »différend« ja definiert war als Unlösbarkeit einer argumentativen Konfrontation mangels übergeordneter Schlichtungsregel. Lyotard zeigt uns aber, daß weder in der zeitindifferenten noch in der zeitsensiblen Logik Widersprüche auftreten.

VI

Widersprüche können in Argumentationen, die logisch korrekt gebildet sind, überhaupt nur auftreten in Form divergierender *Interpretationen* von Sachverhalten, die als dieselben von verschiedenen Interlokutoren gemeint sind. Streit kann stattfinden in der Ausdifferenzierung des Gegenstandes selbst; und er kann stattfinden in unterschiedlichen Prädikationen, die die Gegenstände durch die Gesprächspartner erfahren. Es ist richtig, daß für die Schlichtung des Streits kein außer-kommunikatives Kriterium zur Verfügung steht. Das kann aber nur bedeuten, daß die Dialogführenden diejenigen Aspekte der Weltdeutung des Anderen, deren Untriftigkeit sich nicht zeigen läßt, in die eigene Konzeption von Welt einbeziehen müssen: die Sphäre des Beurteilten erweitert sich so beständig mit den Urteilen. Und als wahr oder richtig wird man nur diejenige Prädikaten-Menge zulassen, von der jeder Gesprächspartner unterstellen darf, jeder andere müsse sie demselben Ding auch zusprechen (vgl. *HuK* 426–429). Diese Schleiermachersche Wendung entspricht ungefähr derjenigen, in der Habermas seine Konsensustheorie der Wahrheit vorzutragen pflegt:

Der Sinn von Wahrheit, der in der Pragmatik von Behauptungen impliziert ist, läßt sich explizieren, wenn wir angeben, was »diskursive Einlösung« von Geltungsansprüchen heißt. Das ist die Aufgabe einer *Konsensustheorie der Wahrheit.* Dieser Auffassung zufolge darf ich dann und nur dann einem Gegenstand ein Prädikat zusprechen, wenn auch jeder andere, der in eine Argumentation mit mir eintreten *könnte,* demselben Gegenstand das gleiche Prädikat zusprechen *würde.* Ich nehme, um wahre von falschen Aussagen zu unterscheiden, auf die Beurteilung anderer Bezug – und zwar auf das Urteil aller anderen, mit denen ich je eine Argumentation aufnehmen könnte (wobei ich kontrafaktisch alle die Gesprächspartner einschließe, die ich finden könnte, wenn meine Lebensgeschichte mit der Geschichte der Menschenwelt koextensiv wäre). Die Bedingung für die Wahrheit von Aussagen ist die potentielle Zustimmung *aller* anderen. Jeder andere müßte sich überzeugen können, daß ich dem Gegenstand R das Prädikat n berechtigterweise zuspreche, und müßte mir dann zustimmen können. Der univiersalpragmatische Sinn der Wahrheit bemißt sich also an der Forderung, einen vernünftigen Konsens zu erzielen. Der Begriff der diskursiven Einlösung von Geltungsansprüchen führt auf den Begriff des vernünftigen Konsenses (*VE* 109, vgl. fast wörtlich ebenso 136/7).

Der Konsens ersetzt (oder supplementiert) hier den Mangel jener Wittgensteinschen Über-Ordnung oder jenes Lyotardschen »métalangage«. Weil ein über-dialogisches Wahrheitskriterium fehlt, müssen argumentative Streitfälle inner-dialogisch beigelegt werden. Wir sahen, daß der Eintritt in ein Argumentationsspiel (einen »Diskurs« nach Habermas) eine Virtualisierung aller Geltungsansprüche voraussetzt, und eben darum ist der Zustand des Streits nie endgültig zu überwinden; und wenn Lyotard das meint, hat er in Apel und Habermas keine Gegner.* Apel sagt dazu:

* So auch Luhmann (*Intersubjektivität oder Kommunikation: Unterschiedliche Ausgangspunkte soziologischer Theoriebildung*, in: *Archivio di Filosofia*, Anno LIV-1986-N. 1–3, 41–60, hier: 46): »Die Intersubjektivität kann sich als Dissens oder als Konsens ausprägen. Weder dem Konsens noch dem Dissens kann man die – darf ich sagen ›Identität‹ bestreiten. Subjekte können in Konsens und Dissens übereinstimmen. Oder anders gesagt: Übereinstimmung ist für Konsens wie für Dissens erforderlich. Es muß deshalb eine Welt identischer Gegenstände vorausgesetzt sein. Könnte sich die Betonpiste des Flughafens in einen Gemüsegarten verwandeln oder das radioaktive Wasser in Eau de Cologne, wäre es um Konsens wie um Dissens geschehen.« Ebenso argumentiert Apel (in: Rötzer [Hg.], l. c., 71 o.) gegen einen rein »ästhetischen Diskurs, bei dem es überhaupt nicht mehr auf die Einigung mit Argumenten über Thesen ankommt, sondern in denen von vornherein das Blühen vieler Blumen vorgese-

Es wird z. B. gesagt, es stünde im Widerspruch zu der Mannigfaltigkeit der Sprachspiele und Diskurse, daß man so etwas wie Konsens anstrebt, man solle vielmehr Dissens anstreben, damit vor allen Dingen Innovationen stattfinden können, weil das das Wesentliche wäre. Das sind doch Halb- oder Viertelswahrheiten. Der zentrale Gedanke der Konsenstheorie der Diskursethik ist doch gerade, daß unter völlig freien Bedingungen der Konsens angestrebt wird, so daß sich der Dissens sowieso normalerweise einstellt. Dissens und Konsens gehören doch zusammen (in: Rötzer [Hg.], l. c., 70).

Indes versäumt Lyotard, auf die impliziten Präsuppositionen jeder dialogischen Streitsituation zu reflektieren: Streit *kann* sich überhaupt nur bilden, wo Konsens angestrebt wurde (»Wenn man Diskurse veranstalten wollte, in denen nicht der Konsens, sondern der Dissens angestrebt würde, dann wären das keine echten Auseinandersetzungen über Argumente« [Apel, l. c.]); und Dissens kann sich ferner nicht einstellen, wenn die strittige Sache von beiden Parteien nicht als dieselbe *gemeint* wird (sie mag sich dann später im Streit, mit einer neuen intersubjektiven Identität umkleiden) (»Denn der Streit erfordert ein Selbiges für beide streitenden Teile, und in bezug auf ein solches kann gesagt werden, daß das verschiedene Denken in beiden nicht verträglich sei, sondern sich aufhebe« [*Huk* 428]). Streit kann weiterhin nur ausgetragen werden in der Perspektive auf seine Überwindung; er ist Voraussetzung, nicht Ziel des Diskurses:

hen wird. Wenn man so etwas in Angriff nehmen würde, dann wäre das Salz heraus. Das ist kein ernsthafter Diskurs mehr, das ist auch nicht höflich. Wenn ich mit einem Menschen diskutiere und ihm sage, na ja, dann sage du, was du willst, und ich sage, was ich will, und dann lassen wir die Blumen blühen, streben wir gar nicht mehr danach, unsere Meinungsverschiedenheiten im Sinne eines Konsens zu entfalten. Das wäre doch absurd. Jedes Interesse wäre aus dem Diskurs heraus, und ich würde den Anderen auch nicht mehr ernst nehmen. Zu erkennen zu geben, daß man an einer Auseinandersetzung nicht interessiert ist, halte ich für etwas Unmenschliches.«

Wenn wir, den Streit voraussetzend, ein bestimmtes Verfahren begründen wollen, um ihn aufzuheben, so müssen wir auch ein bestimmtes Ende desselben im Auge haben. Dieses aber kann kein anderes sein, als daß, was vorher von mehreren verschieden gedacht wurde, nun von denselben soll einerlei gedacht werden. Denn wenn die Gesprächführung zwischen diesen mehreren das Ergebnis haben sollte, es müsse überall bei dem Verschiedendenken bleiben, so hätte sie zu der skeptischen Ablehnung geführt, und das Verfahren also sich selbst vernichtet (*HuK* 426).

Diese skeptische Haltung bezieht Lyotard. Er beschreibt Strukturen kommunikativen Streits so, als könne von deren Finalisierung durch das Unternehmen der Kommunikation selbst abstrahiert werden. Wohl möglich, daß ich mich mit meinem Partner nicht einigen werde; unmöglich, daß ich mich mit ihm über die möglicherweise richtige Prädikation von R streite, ohne den Konsens als Gesprächsziel zu *wollen*. Die kontrafaktische Unterstellung des Konsensus – dessen regulative Natur seiner Unvermeidlichkeit keinen Abbruch tut (*VE* 181/2)* – ersetzt die fehlende »Über-Ordnung« der irreduzibel vielfältigen Satzverwendungsregeln und Redegattungen vollkommen. Denn unmotiviert ist der Übergang von einem Satz zu einem anderen nur für den, der am Argumentationsspiel nicht teilnimmt, sondern es – mit dem verfremdeten Blick des Ethnologen – aus der Au-

* Niklas Luhmann bemerkt zu dieser kontrafaktischen Unterstellung spöttisch: »Im übrigen ist es natürlich ein kühner, moralisch kaum anderen oktroyierbarer Entschluß, die Unbestreitbarkeit der Unbegründbarkeit für eine Begründung zu halten« (48, Anm. 17). Das ist natürlich böswillig formuliert; nicht die Unbegründbarkeit der kontrafaktischen Verständigungsunterstellung ist ja hier Argumentationsziel, sondern der Nachweis, daß ihre außerdialogische Unbegründbarkeit nicht hindert, daß, wer immer Argumente vorbringt oder anficht, sie faktisch vollzieht. Es handelt sich hier um das von Aristoteles zuerst beschriebene »tu quoque«-Argument, das darin besteht zu zeigen, daß der Opponent, um seinem Widerspruch Geltung zu verschaffen, eben die Position des Proponenten hat beziehen müssen, womit sein Einwand sich selbst aufhebt.

ßenperspektive observiert. Für die argumentierenden Dialogpartner selbst ist ein Übergang zwischen Sätzen verschiedener Codes jederzeit durch die Übereinstimmung motiviert, die zu unterstellen sie mit ihrem Partner im Verlauf des Argumentationsspiels und im Blick auf die richtige Deutung ihres Streitgegenstandes gar nicht vermeiden konnten, soll ihr Dialog nicht abbrechen. Ein Dialog, der – für beide Partner sichtbar – nicht mehr die gleiche Sache anvisiert und auch nicht mehr vom Verständigungswillen getragen wird, kann aber nicht einmal einen »différend« produzieren; denn ein solcher kann sich nur in einem Dialogspiel als Negativerfahrung bemerklich machen, das die beiden Voraussetzungen explizit oder implizit anerkannt hatte. Der Skeptiker, wie wir sahen, der diese beiden Voraussetzungen nicht macht, widerspricht sich selbst, sowie er seinen Standpunkt *geltend* machen möchte, was ihm nur in einem argumentativ überzeugend geführten Dialog gelingen könnte; eben dessen Möglichkeit bestreitet er aber (*HuK* 417/8). Wird aber das Gespräch – bei Ablehnung einer beide Partner obligierenden Verbindlichkeit – boykottiert, dann findet erst recht kein »différend« mehr statt; denn die bloßen Verschiedenheiten von Behauptungen (oder gar von nicht-konstativen Redehandlungen) verwickelt Sprecher nicht in einen Streit (*HuK* 427 o.), und zwar nicht *obwohl*, sondern *weil* eine gemeinsame Kommunikationsbasis fehlt, auf der divergierende Positionen sich überhaupt erst als strittige Interpretationen einer und derselben Sache bekämpfen können. Ein »différend« ohne die Richtung auf mögliche Verständigung und ohne Hinsicht auf einen als selbig angenommenen Gegenstand kann gar nicht stattfinden.

So scheint sich Lyotards Projekt überhaupt erst auf der Ebene der Konsensustheorie entfalten zu lassen, gegen die sie angetreten war. Dafür spricht der schon ins Licht gestellte Umstand, daß Lyotard die Struktur des »différend« nicht durchgängig, aber doch oft an Argumentationskonflikten illustriert. In deren Definition geht aber ein, daß mit ihnen Geltungsansprüche verbunden werden. Zwischen einem Liebesschwur in der attischen Tragödie und dem Mord der Kinder des ungetreuen Mannes findet zwar ein Wandel des »affektiven Diskurses«, aber keinerlei Widerstreit statt. Darum hat Lyotard Unrecht, wenn er Apels »Beschränkung der Erkenntnisart auf die Argumentation einen Beschreibungsirrtum« nennt (*Grundlagenkrise*, l.c., 10). Erstens können affektive Stellungnahmen – auch solche der von Lyotard angerufenen tragischen »Leidenschaft« – sehr wohl und sogar in ausgezeichneter Weise Geltungsansprüche implizieren (nur dann sind sie konfliktträchtig und tragisch; als acte gratuit, der an keine kommunikative Reaktion appelliert, produzieren sie keinen »différend«); zweitens ist die Pluralität der Text- und Redegattungen überhaupt kein Einwand gegen Apels These, daß sich durch sie alle ein Vernunftinteresse hindurchzieht, ohne welches sie gar nicht zu Bestandteilen kontroverser Diskurse werden können. »Von Spiel zu Spiel ändert sich der Einsatz«, sagt Lyotard (l.c. 11); gewiß, aber nicht der Anspruch auf Geltung; die geltungsfrei vorgetragene Redeäußerung kann jedoch gar keine Konflikte hervorbringen, weil sie nichts bestreitet. Und von der Pluralität der Regelsysteme sahen wir, daß sie in der Hermeneutik der kommunikativen Redesituation ihre letzte Metasprache finden. Schließlich ist auch der Einwand falsch, Apels Rede vom »selbstreferentiellen« oder »reflexiven Diskurs« sei »den Aporien ausgesetzt (...), die z.B. Russell daran moniert« (l.c. 12); denn die Typentheorie moniert nur die Ebenenverwechslung zwischen Klassen und Unterklassen. Sie hindert nicht die Möglichkeit, daß ich mich reflexiv der Ebene versichere, auf der ich spreche, und erst recht nicht, daß ich Präsuppositionen ans Licht bringe, die implizit allem kommunikativen – im Gegensatz zu anderem – Reden inhärieren.* (Die Typentheorie verhindert nicht Sätze wie: »Dieser Satz, bestehend aus acht Wörtern, ist deutsch.«)

Dafür, daß Lyotard selbst sich vor allem am argumentativen Diskurs orientiert, spricht aber hauptsächlich die implizite Ethik von *Le différend.* Wenn er die Auswirkungen unentscheidbarer Konfliktsituationen in der moralisch-normativen Begrifflichkeit des *Unrechts (tort)* auslegt, und nicht in der deskriptiven des kreatürlichen Leidens, beansprucht er Geltung für sein Urteil. (Wenn nicht, dürfte von einem »tort« und überhaupt von unduldbaren Nachteilen des Streits für die Betroffenen gar nicht die Rede sein.) *Le différend* schließt mit der Ablehnung eines »politischen Programms«; an seine Stelle tritt die Aufforderung – für die unentscheidbare Kontingenz des *Arrive-t-il?* – des keiner Metaregel zuweisbaren Ereignisses *(occurence)* – »Zeugnis abzulegen« (»on peut témoigner pour elle«) (*LD* 260).

Zeugnis legen Jünger ab für ihren Heiland; Propheten zeugen für die (vergessene oder verdrängte) Gegenwart des Herrn; Märtyrer bezeugen durch ihren Tod, woran sie glauben; Zeugnis wurde auch von den Vernichtungslagern in Auschwitz und anderswo abgelegt. Von einem rein deskriptiven Sprechakt ist das Zeugen-für unterschieden durch sein moralisches Engagement: man legt Zeugnis ab für das, was sein soll, oder von dem, was nicht hätte sein dürfen. Zeugnisse geschehen mit Verbindlich-

* Denselben Einwand wie Lyotard wiederholt Luhmann l. c. 48: »Kein binärer Code kann auf sich selbst angewandt werden, ohne auf Paradoxien aufzulaufen, weil kein komplexes, selbstreferentielles Aussagensystem vollständig ab intra begründet werden kann.«

keitsanspruch. Lyotard räumt der *obligation* ein ganzes Kapitel ein (*LD* 159–186), in welchem das sittliche Verhältnis (»la relation éthique«), die Tatsache der ethischen Gebundenheit, als »Skandal« (162, 163), als »différend par excellence« (184) vorgeführt wird. Verbindlichkeit besteht nur für Redeakte, in die das Licht der Aufklärung nicht dringt (wie Gottes unerforschlicher Ratschluß, dem Abraham das Opfern seines Sohnes zu befehlen [»la loi est transcendante à toute intelligence« [(159)]). Eine unauflösliche »Dissymetrie« kennzeichnet das ethische Gebot (165, 183); denn das Ich wird ihr nur folgen, wenn das Du, welches ihm seine Gebote zusendet, verhüllt und übermächtig bleibt. Die Unbedingtheit des Gebots »entfremdet (aliène) das Ich« (169, 172) und macht es teuflischerweise auch noch glauben, es habe selbst seine Abdankung gewollt (172/3 n° 176). In Exkursen zu Lévinas (163 ff.) und Kant (174 ff.) will Lyotard zeigen, daß die Herkunft des obligatorischen Charakters des Sittengesetzes notwendig verborgen und ungerechtfertigt bleibt. Während in der theoretischen Vernunft die Einheit der Erfahrungswelt aus a priori zugänglichen Begriffen »deduziert« wird, wird die Freiheit umgekehrt aus ihrem Effekt – dem Sittengesetz – erschlossen (vor allem 179,2) – so bleibt sie »non déduite«. Die Vernichtung des von der Obligation getroffenen Ich werde listig überspielt durch eine Reziprozitäts-Regel, derzufolge das obligierende Du hier eigentlich die Stimme der Menschheit und, durch sie hindurch, mein universalisierbares Eigeninteresse sei (182 f.).* Die Anerkennung möglicher Wechselseitigkeit oder der »règle du consensus et de l'échangeabilité entre partenaires, [de] la règle du dialogue« sei aber eine Maxime der theoretischen (deskrip-

* Diese »Konfusion« wird dann erneut am Beispiel der Menschenrechts-Erklärung (1789) verhöhnt (*LD* 209 ff., vor allem 212,5).

tiv-kognitiven) Vernunft und werde unstatthaft aufs Praktische übertragen, da doch Freiheit und Erkenntnis durch einen »Abgrund« getrennt sind (184 o., 180f.). Kurz: die Verbindlichkeit produziert ein »Dilemma« (also einen »différend«): sie funktioniert nur blindlings, und ist alsdann bar aller Rechtfertigung; und wenn sie ins Licht vernünftiger Befragung getaucht wird, verliert sie ihren obligierenden Charakter (172/3 n° 176). »Il n'a pas de communauté éthique« (186).

In Wahrheit steckt das Dilemma anderswo als dort, wo Lyotard es sucht. Wenn Obligation eine wesentliche Dissymmetrie ins Verhältnis der Intersubjektivität einführte, so könnte diese Feststellung nur in kritischer Absicht erfolgen: sie würde für eine Moral ohne Produktion von Effekten der Chancen-Ungleichheit optieren, in dem Sinne, wie jedem Negativ ein Positiv beigesellt ist. Sagen, was nicht sein soll, heißt sich für ein Seinsollendes engagieren. So entgeht Lyotards Diskurs über den Skandal der Obligation nicht der Verbindlichkeit einer alternativen Option, so wenig wie Nietzsches Hinterfragung der Moral (durch eine sogenannte »Genealogie«) nicht vermeiden kann, alternative Normenvorschläge zu unterbreiten. Der Widersinn des Unternehmens wird am sichtbarsten in der äußersten Spannung, die Lyotards Parteinahme für das vom übermächtigen Du gedemütigte Ich zu seiner These unterhält, es gebe gar kein Ich und das sprachlich vermittelte »événement« ereigne sich von selbst (170/1 n° 173): selbst als Heideggersches »Dasein« gefaßt, wäre dem Empfänger der anonymen Botschaften des »univers de phrase« noch zuviel Subjektivität zuerkannt. Die Desanthropozentrierung verlangt die radikale Auslöschung des Subjekts. Für wen engagiert sich alsdann die Kritik an der Ich-auslöschenden Gewalt der Verpflichtung, und vor allem: wem geschieht ein

»tort«? Ist es die Anonymität eines Satzes oder eines Diskurses, der mit nach anderen Regeln geformten ungleicher Natur (»heterogen«) ist: wem täte das weh, ja: wer könnte das feststellen, wenn nicht ein Subjekt?

Zum Schluß unserer Lektüre werden wir uns verwundert fragen: Für wen oder was engagiert sich *Le différend?* Gibt es nicht im »Keimentschluß« des Buches so etwas wie eine Sympathie mit den Opfern von Machtkonflikten, die ihre Position nicht haben artikulieren (»geltend machen«) können, weil die Sprachregel, unter deren Anerkennung sie es allein hätten tun können, nicht unumstritten ist? Wäre das der Fall – einige Zynismen lassen daran zweifeln –, so müßte man sagen, daß diese Sympathie – malgré elle – für einen kontrafaktisch unterstellten Zustand chancengleicher Redeverwendung im Dialogspiel und gleichverteilter Gelegenheiten optiert, Behauptung aufzustellen oder anzufechten, Gefühle zu zeigen und zu bewerten usw. (vgl. *VE* 177/8; ebenso *Moralbewußtsein und kommunikatives Handeln*, l.c., 96ff.). Dieser im Unternehmen diskursiver Argumentation implizierte Hinblick auf eine Idee gewaltfreier Gesprächsführung enthält normative Elemente, die in einer Ethik intersubjektiver Kooperation zu entfalten wären – eine Idee, für die Lyotard nur Hohn und Spott übrig hat. Argumentatives Verhalten antizipiert in seiner Ausübung Grundformen einer demokratischen Gesellschaft (deren Gründungsakte Lyotard erneut beargwöhnt, vgl. vor allem *LD* 209ff.), die auch Minderheiten mit mangelndem Durchsetzungsvermögen den Zugang zum Forum der öffentlichen Überzeugungsbildung verschafft; denn erfolgreich kann im Argumentationsspiel nur sein, wer seine Gründe an tatsächlich vorgebrachten Gegengründen hat abarbeiten können; ein monologisch vorgetragenes Argument ohne institutionell vorgesehene Gegeninstanz verliert ipso facto das Anrecht auf diesen Titel. Die Maxime des agonalen Diskurses, die den Fehl einer trans-diskursiven Entscheidungsinstanz durch faktische Mächtigkeit von Sprechakten komplettiert, kann der Absurdität von Äußerungen wie der folgenden nicht mehr begegnen: »Ich habe H schließlich mit einer Lüge überredet (oder mit rhetorischer oder physischer Gewalt dazu gebracht), zu glauben (nicht länger zu bestreiten), daß p« (vgl. Habermas, *Moralbewußtsein...*, l.c. 100). Lyotards Prämissen erlauben keinen Einwand gegen diesen Verdacht, und sie erlauben vor allem keine Grenzziehung zwischen reiner Beschreibung und wertender Sprachverwendung. Wer die Ermordung der Zeugen von Auschwitz für einen Grund ansieht, die Thesen Faurissons für unwiderlegbar zu halten, kann sein Engagement zu ihren Gunsten nur noch rhetorisch anzeigen, nicht mehr legitimieren. Das gilt erst recht für den, der mit Auschwitz den Tod des Paradigmas von Menschenwürde und Subjektivität besiegelt sieht (*LD* 145 ff. n° 155 »*Nous*«), d.h., die fabrikmäßige Ermordung von Personen für die Konsequenz der theoretisch für richtig befundenen Einsicht in die Inexistenz von Subjektivität hält: hier springt Beschreibung dessen, was ist, über in Bejahung der bestehenden Verhältnisse. Ein ermordetes Subjekt kann nur schweigen; zynisch wird der Diskurs dessen, der im Namen der Menschenwürde für sein Existierensollen Zeugnis ablegen könnte, aber das Schweigen des Subjekts in den Rang einer geltenden Norm erhebt. Auch dieser Konsequenz entgeht Lyotard nicht, und es ist befremdend zu sehen, wieviel Mühe er entfaltet, um den Diskurs der Subjektivität und der Intersubjektivität abzudanken und lächerlich zu machen. Auch dann noch muß er freilich für seine eigene Rede eine

Geltung unterstellen, deren Anerkennung mit ihren Prämissen unverträglich ist. Lyotards Buch über den Streit – »mon livre de philosophie« – hat nicht das Zeug, einen Streit auszulösen.

edition suhrkamp
Eine Auswahl

Abelshauser: Wirtschaftsgeschichte der Bundesrepublik Deutschland (1945-1980). NHB. es 1241
Abendroth: Ein Leben in der Arbeiterbewegung. es 820
Achebe: Okonkwo oder Das Alte stürzt. es 1138
Adam/Moodley: Südafrika. es 1369
Adorno: Eingriffe. Neun kritische Modelle. es 10
– Gesellschaftstheorie und Kulturkritik. es 772
– Jargon der Eigentlichkeit. Zur deutschen Ideologie. es 91
– Kritik. Kleine Schriften zur Gesellschaft. es 469
– Ohne Leitbild. Parva Aesthetica. es 201
– Stichworte.
Kritische Modelle 2. es 347
– Zur Metakritik der Erkenntnistheorie. es 590
Das Afrika der Afrikaner. Gesellschaft und Kultur Afrikas. Hg. von R.Jestel. es 1039
Anderson: Die Entstehung des absolutistischen Staates. es 950
– Von der Antike zum Feudalismus. es 922
Andréa: M.D. es 1364
Arbeitslosigkeit in der Arbeitsgesellschaft. es 1212
Aus der Zeit der Verzweiflung. Zur Genese und Aktualität des Hexenbildes. es 840
Bachtin: Die Ästhetik des Wortes. es 967
Barthes: Elemente der Semiologie. es 1171
– Kritik und Wahrheit. es 218
– Leçon/Lektion. es 1030
– Literatur oder Geschichte. es 303
– Michelet. es 1206
– Mythen des Alltags. es 92
– Das Reich der Zeichen. es 1077
– Die Sprache der Mode. es 1318
Beck: Risikogesellschaft. es 1365
Jürgen Becker: Ränder. es 351
– Umgebungen. es 722
Beckett: Fin de partie. Endspiel. es 96
– Flötentöne. es 1098
– Mal vu, mal dit. Schlecht gesehen, schlecht gesagt. es 1119
Samuel Beckett inszeniert Glückliche Tage. es 849
Benjamin: Aufklärung für Kinder. es 1317
– Briefe. 2 Bde. es 930
– Das Kunstwerk im Zeitalter seiner technischen Reproduzierbarkeit. es 28
– Moskauer Tagebuch. es 1020
– Das Passagen-Werk. 2 Bde. es 1200
– Über Kinder, Jugend und Erziehung. es 391
– Versuche über Brecht. es 172
– Zur Kritik der Gewalt und andere Aufsätze. es 103
Bernhard: Die Billigesser. es 1006
– Ein Fest für Boris. es 440
– Prosa. es 213
– Ungenach. Erzählung. es 279
– Watten. Ein Nachlaß. es 353
Bertaux: Hölderlin und die Französische Revolution. es 344
Biesheuvel: Schrei aus dem Souterrain. es 1179

3/1/6.87

3/2/6.87

– Über den Beruf des Schauspielers. es 384
– Über die bildenden Künste. es 691
– Über experimentelles Theater. es 377
– Über Lyrik. es 70
– Über Politik auf dem Theater. es 465
– Über Politik und Kunst. es 442
– Über Realismus. es 485
– Das Verhör des Lukullus. Hörspiel. es 740
Brecht-Journal. es 1191
Brecht-Journal 2. es 1396
Brunkhorst: Der Intellektuelle im Lande der Mandarine. es 1403
Buch: Der Herbst des großen Kommunikators. es 1344
– Waldspaziergang. es 1412
Bürger: Theorie der Avantgarde. es 727
Buro/Grobe: Vietnam! Vietnam? es 1197
Celan: Ausgewählte Gedichte. Zwei Reden. es 262
Cortázar: Letzte Runde. es 1140
– Reise um den Tag in 80 Welten. es 1045
Deleuze/Guattari: Kafka. Für eine kleine Literatur. es 807
Deleuze/Parnet. Dialoge. es 666
Derrida: Die Stimme und das Phänomen. es 945
Determinanten der westdeutschen Restauration 1945-1949. Von H.–U. Huster u. a. es 575
Ditlevsen: Gesichter. es 1165
– Sucht. Erinnerungen. es 1009
– Wilhelms Zimmer. es 1076
Takeo Doi: Amae. Freiheit in Geborgenheit. es 1128
Dorst: Toller. es 294
Dubiel: Was ist Neokonservatismus? es 1313
Duerr: Satyricon. Essays und Interviews. es 1346
– Traumzeit: es 1345
Duras: Sommer 1980. es 1205
Duras/Porte: Die Orte der Marguerite Duras. es 1080
Eco: Zeichen. es 895
Eich: Botschaften des Regens. Gedichte. es 48
Elias: Humana conditio. es 1384
Enzensberger: Blindenschrift. es 217
– Deutschland, Deutschland unter anderm. es 203
– Einzelheiten I. Bewußtseins-Industrie. es 63
– Einzelheiten II. Poesie und Politik. es 87
– Die Furie des Verschwindens. Gedichte. es 1066
– Landessprache. Gedichte. es 304
– Palaver. Politische Überlegungen (1967-1973). es 696
– Das Verhör von Habana. es 553
– Der Weg ins Freie. Fünf Lebensläufe. es 759
Esser: Gewerkschaften in der Krise. es 1131
Faszination der Gewalt. Friedensanalysen 17. es 1141
Feminismus. Hg. v. Luise F. Pusch. es 1192
Feyerabend: Erkenntnis für freie Menschen. es 1011
– Wissenschaft als Kunst. es 1231
Foucault: Psychologie und Geisteskrankheit. es 272
Fragment und Totalität. Hg. v. Dällenbach und Hart Nibbrig. es 1107
Frank: Der kommende Gott. es 1142

3/3/6.87

– Die Unhintergehbarkeit von Individualität. es 1377
– Was ist Neostrukturalismus? es 1203
Frauen in der Kunst. 2 Bde. es 952
Frevert: Frauen-Geschichte. NHB. es 1284
Frisch: Biedermann und die Brandstifter. es 41
– Die Chinesische Mauer. es 65
– Don Juan oder Die Liebe zur Geometrie. es 4
– Frühe Stücke. es 154
– Graf Öderland. es 32
Gerhard: Verhältnisse und Verhinderungen. es 933
Geyer: Deutsche Rüstungspolitik (1860-1980). NHB. es 1246
Goetz: Hirn. Krieg. 2 Bde. es 1320
Goffman: Asyle. es 678
– Geschlecht und Werbung. es 1085
Gorz: Der Verräter. es 988
Gröner: Ein rasend hingehauchtes Herbsteslicht. Bergeller Gedichte. es 1371
Habermas: Eine Art Schadensabwicklung. es 1453
– Legitimationsprobleme im Spätkapitalismus. es 623
– Die Neue Unübersichtlichkeit. es 1321
– Technik und Wissenschaft als Ideologie. es 287
Hänny: Zürich, Anfang September. es 1079
Handke: Die Innenwelt der Außenwelt der Innenwelt. es 307
– Kaspar. es 322
– Phantasien der Wiederholung. es 1168
– Publikumsbeschimpfung. es 177
– Der Ritt über den Bodensee. es 509
– Wind und Meer. Vier Hörspiele. es 431
Hawkes: Travestie. es 1326
Heimann: Soziale Theorie des Kapitalismus. es 1052
Henrich: Konzepte. es 1400
Hentschel: Geschichte der deutschen Sozialpolitik (1880-1980). NHB. es 1247
Hesse: Tractat vom Steppenwolf. es 84
Die Hexen der Neuzeit. Hg. von C. Honegger. es 743
Hilfe + Handel = Frieden? Friedensanalysen 15. es 1097
Hobsbawm: Industrie und Empire 1/2. es 315/316
Imperialismus und strukturelle Gewalt. Hg. von D. Senghaas. es 563
Irigaray: Speculum. es 946
Jahoda/Lazarsfeld/Zeisel: Die Arbeitslosen von Marienthal. es 769
Jakobson: Kindersprache, Aphasie und allgemeine Lautgesetze. es 330
Jasper: Die gescheiterte Zähmung. NHB. es 1270
Jauß: Literaturgeschichte als Provokation. es 418
Johnson: Der 5. Kanal. es 1336
– Begleitumstände. Frankfurter Vorlesungen. es 1019
– Karsch, und andere Prosa. es 59
Jones: Frauen, die töten. es 1350
Joyce: Werkausgabe in 6 Bdn. es 1434 – es 1439
Bd. 1 Dubliner. es 1434
Bd. 2 Stephen der Held. es 1435
Bd. 3 Ulysses. es 1100
Bd. 4 Kleine Schriften. es 1437

3/4/6.87

Bd. 5 Gesammelte Gedichte. Anna Livia Plurabelle. es 1438
Bd. 6 Finnegans Wake. Englischsprachige Ausgabe. es 1439
Hans Wollschläger liest »Ulysses«. es 1105
Mat. zu Joyces »Ein Porträt des Künstlers als junger Mann«. Hg. von K. Reichert und F. Senn. es 776
Kantowsky: Indien. es 1424
Kapitalistische Weltökonomie. Hg. von D. Senghaas. es 980
Marx: Die ethnologischen Exzerpthefte. es 800
Kenner: Ulysses. es 1104
Kindheit in Europa. Hg. von H. Hengst. es 1209
Kipphardt: In der Sache J. Robert Oppenheimer. es 64
Kirchhof: Body-Building. es 1005
Kluge: Gelegenheitsarbeit einer Sklavin. es 733
– Lernprozesse mit tödlichem Ausgang. es 665
– Neue Geschichten. Hefte 1-18. es 819
– Schlachtbeschreibung. es 1193
Kluge: Die deutsche Revolution 1918/1919. NHB. es 1262
Kolbe: Abschiede und andere Liebesgedichte. es 1178
– Hineingeboren. Gedichte 1975-1979. es 1110
Konrád: Antipolitik. es 1293
Kriegsursachen. Friedensanalysen 21. es 1238
Krippendorff: Staat und Krieg. es 1305
Kristeva: Die Revolution der poetischen Sprache. es 949
Kroetz: Bauern sterben. es 1388
– Frühe Prosa/Frühe Stücke. es 1172
– Furcht und Hoffnung der BRD. es 1291
– Mensch Meier. es 753
– Nicht Fisch nicht Fleisch. es 1094
– Oberösterreich. es 707
– Stallerhof. es 586
– Heimarbeit. es 473
Krolow: Ausgewählte Gedichte. es 24
Laederach: Fahles Ende kleiner Begierden. es 1075
Lefebvre: Einführung in die Modernität. es 831
Lehnert: Sozialdemokratie zwischen Protestbewegung und Regierungspartei 1848 bis 1983. NHB. es 1248
Lem: Dialoge. es 1013
Hermann Lenz: Leben und Schreiben. Frankfurter Vorlesungen. es 1425
Leroi-Gourhan: Die Religionen der Vorgeschichte. es 1073
Lessenich: »Nun bin ich die niemals müde junge Hirschfrau oder der Ajilie-Mann«. es 1308
Leutenegger: Lebewohl, Gute Reise. es 1001
– Das verlorene Monument. es 1315
Lévi-Strauss: Das Ende des Totemismus. es 128
– Mythos und Bedeutung. es 1027
Die Listen der Mode. Hg. von S. Bovenschen. es 338
Literatur und Politik in der Volksrepublik China. Hg. von R. G. Wagner. es 1151
Löwenthal: Mitmachen wollte ich nie. es 1014
Logik des Herzens. Hg. von G. Kahle. es 1042

3/5/6.87

Lohn: Liebe. Zum Wert der Frauenarbeit. Hg. von A. Schwarzer. es 1225
Lukács: Gelebtes Denken. es 1088
Maeffert: Bruchstellen. es 1387
Männersachen. Hg. von H.-U. Müller-Schwefe. es 717
Mandel: Marxistische Wirtschaftstheorie 1/2. es 595/596
– Der Spätkapitalismus. es 521
Marcus: Umkehrung der Moral. es 903
Marcuse: Ideen zu einer kritischen Theorie der Gesellschaft. es 300
– Konterrevolution und Revolte. es 591
– Kultur und Gesellschaft 1. es 101
– Kultur und Gesellschaft 2. es 135
– Versuch über die Befreiung. es 329
– Zeit-Messungen. es 770
Gespräche mit Herbert Marcuse. es 938
Mattenklott: Blindgänger. es 1343
Hans Mayer: Anmerkungen zu Brecht. es 143
– Gelebte Literatur. Frankfurter Vorlesungen. es 1427
– Versuche über die Oper. es 1050
Mayröcker: Magische Blätter. es 1202
– Magische Blätter II. es 1421
McKeown: Die Bedeutung der Medizin. es 1109
Medienmacht im Nord-Süd-Konflikt: Friedensanalysen 18. es 1166
Christian Meier: Die Ohnmacht des allmächtigen Dictators Caesar. es 1038
Menninghaus: Paul Celan. es 1026
– Schwellenkunde. es 1349
Menzel/Senghaas: Europas Entwicklung und die Dritte Welt. es 1393
Milosz: Zeichen im Dunkel. es 995
Mitscherlich: Freiheit und Unfreiheit in der Krankheit. es 505
– Krankheit als Konflikt 1. es 164
– Krankheit als Konflikt 2. es 237
– Die Unwirtlichkeit unserer Städte. es 123
Mitterauer: Sozialgeschichte der Jugend. NHB. es 1278
Moderne chinesische Erzählungen. 2 Bde. es 1010
Möller: Vernunft und Kritik. NHB. es 1269
Moser: Eine fast normale Familie. es 1223
– Der Psychoanalytiker als sprechende Attrappe. es 1404
– Romane als Krankengeschichten. es 1304
Muschg: Literatur als Therapie? es 1065
Die Museen des Wahnsinns und die Zukunft der Psychiatrie. es 1032
Mythos ohne Illusion. Mit Beiträgen von J.-P. Vernant u.a. es 1220
Mythos und Moderne. Hg. von K.H. Bohrer. es 1144
Nakane: Die Struktur der japanischen Gesellschaft. es 1204
Nathan: Ideologie, Sexualität und Neurose. es 975
Der Neger vom Dienst. Afrikanische Erzählungen. Von R. Jestel. es 1028

3/6/6.87

Die neue Friedensbewegung. Friedensanalysen 16. es 1143
Ngũgĩ wa Thing'o: Verborgene Schicksale. es 1111
Nizon: Am Schreiben gehen. Frankfurter Vorlesungen. es 1328
Oehler: Pariser Bilder I. es 725
Oppenheim: Husch, husch, der schönste Vokal entleert sich. es 1232
Paetzke: Andersdenkende in Ungarn. es 1379
Paley: Ungeheure Veränderungen in letzter Minute. es 1208
Paz: Der menschenfreundliche Menschenfresser. es 1064
– Suche nach einer Mitte. es 1008
– Zwiesprache. es 1290
Peripherer Kapitalismus. Hg. von D. Senghaas. es 652
Petri: Zur Hoffnung verkommen. es 1360
Pinget: Apokryph. es 1139
Piven/Cloward: Aufstand der Armen. es 1184
Politik der Armut. Hg. von S. Leibfried und F. Tennstedt. es 1233
Populismus und Aufklärung. Hg. von H. Dubiel. es 1376
Powell: Edisto. es 1332
Psychoanalyse der weiblichen Sexualität. Hg. von J. Chasseguet-Smirgel. es 697
Pusch: Das Deutsche als Männersprache. es 1217
[illegible]bault: Kinder sprechen vom [illegible] es 993
Darcy [illegible]: Unterentwicklung, [illegible] und Zivilisation. es 1018
João Ubaldo [illegible]: Sargento Getúlio. [illegible]
Rodinson: Die Araber. es 1051
Roth: Das Ganze ein Stück. es 1399
– Die einzige Geschichte. es 1368
– Krötenbrunnen. es 1319
Rötzer: Denken, das an der Zeit ist. es 1406
Rubinstein: Immer verliebt. es 1337
– Nichts zu verlieren und dennoch Angst. es 1022
– Sterben. es 1433
Rühmkorf: agar agar – zaurzaurim. es 1307
Russell: Probleme der Philosophie. es 207
– Wege zur Freiheit. es 447
Schindel: Ohneland. Gedichte. es 1372
Schlaffer: Der Bürger als Held. es 624
Schleef: Die Bande. es 1127
Schönhoven: Die deutschen Gewerkschaften. NHB. es 1287
Schrift und Materie der Geschichte. Hg. von C. Honegger. es 814
Schröder: Die Revolutionen Englands im 17. Jahrhundert. NHB. es 1279
Schubert: Die internationale Verschuldung. es 1347
Das Schwinden der Sinne. Hg. von D. Kamper und C. Wulf. es 1188
Sechehaye: Tagebuch einer Schizophrenen. es 613
Senghaas: Von Europa lernen. es 1134
– Weltwirtschaftsordnung und Entwicklungspolitik. es 856
– Die Zukunft Europas. es 1339
Simmel: Schriften zur Philosophie und Soziologie der Geschlechter. es 1333
Sinclair: Der Fremde. es 1007

Sloterdijk: Der Denker auf der Bühne. es 1353
– Kopernikanische Mobilmachung. es 1375
– Kritik der zynischen Vernunft. 2 Bde. es 1099
Sport-Eros-Tod. es 1335
Staritz: Geschichte der DDR. NHB. es 1260
Stichworte zur »Geistigen Situation der Zeit«. Hg. von J.Habermas. 2 Bde. es 1000
Struck: Kindheits Ende. es 1123
– Klassenliebe. es 629
Szondi: Theorie des modernen Dramas. es 27
Techel: Es kündigt sich an. Gedichte. es 1370
Tendrjakow: Sechzig Kerzen. es 1124
Theorie des Kinos. Hg. von K.Witte. es 557
Thiemann: Schulszenen. es 1331
Thompson: Entstehung der englischen Arbeiterklasse. 2 Bde. es 1170
Thränhardt: Geschichte der Bundesrepublik Deutschland. NHB. es 1267
Tiedemann: Studien zur Philosophie Walter Benjamins. es 644
Todorov: Die Eroberung Amerikas. es 1213
Treichel: Liebe Not. Gedichte. es 1373
Trotzki: Denkzettel. es 896
Vernant: Die Entstehung des griechischen Denkens. es 1150
– Mythos und Gesellschaft im alten Griechenland. es 1381
Versuchungen. Aufsätze zur Philosophie Paul Feyerabends. Hg. von H.P.Duerr. Band 1/2. es 1044/1068
Verteidigung der Schrift. Kafkas ›Prozeß‹. Hg. von F.Schirrmacher. es 1386
Vom Krieg der Erwachsenen gegen die Kinder. Friedensanalysen 19. es 1190
Martin Walser: Eiche und Angora. es 16
– Ein fliehendes Pferd. Theaterstück. es 1383
– Die Gallistl'sche Krankheit. es 689
– Geständnis auf Raten. es 1374
– Heimatkunde. es 269
– Lügengeschichten. es 81
– Selbstbewußtsein und Ironie. Frankfurter Vorlesungen. es 1090
– Wer ist ein Schriftsteller? es 959
– Wie und wovon handelt Literatur. es 642
Wehler: Grundzüge der amerikanischen Außenpolitik 1750–1900. NHB. es 1254
Peter Weiss: Abschied von den Eltern. es 85
– Die Besiegten. es 1324
– Fluchtpunkt. es 125
– Gesang vom Lusitanischen Popanz. es 700
– Das Gespräch der drei Gehenden. es 7
– Der neue Prozeß. es 1215
– Notizbücher 1960-1971. 2 Bde. es 1135
– Notizbücher 1971-1980. 2 Bde. es 1067
– Rapporte. es 276
– Rapporte 2. es 444
– Der Schatten des Körpers des Kutschers. es 53
– Stücke 1. es 833
– Stücke II. 2 Bde. es 910

3/8/6.87

– Die Verfolgung und Ermordung Jean Paul Marats. es 68
Peter Weiss im Gespräch. Hg. von R. Gerlach und M. Richter. es 1303
Wellershoff: Die Auflösung des Kunstbegriffs. es 848
Die Wiederkehr des Körpers. Hg. von D. Kamper und Ch. Wulf. es 1132
Winkler: Die Verschleppung. es 1177
Wippermann: Europäischer Faschismus im Vergleich (1922-1982). NHB. es 1245
Wirz: Sklaverei und kapitalistisches Weltsystem. NHB. es 1256
Wissenschaft im Dritten Reich. Hg. von P. Lundgreen. es 1306
Wittgenstein: Tractatus logico-philosophicus. es 12
Wünsche: Der Volksschullehrer Ludwig Wittgenstein. es 1299
Zimmermann: Vom Nutzen der Literatur. es 885
Ziviler Ungehorsam im Rechtsstaat. Hg. von P. Glotz. es 1214

3/9/6.87